A vida perfeita
não existe

Daiana
Garbin

# A vida perfeita
# não existe

SEXTANTE

*edição:* Nana Vaz de Castro
*preparo de originais:* Alice Dias
*revisão:* Ana Grillo e Luis Américo Costa
*revisão técnica:* Patricia Gipsztejn Jacobsohn
*diagramação:* Valéria Teixeira
*capa:* DuatDesign
*foto de capa:* Danilo Borges e Jujuba Digital (finalização)


CIP-BRASIL. CATALOGAÇÃO NA PUBLICAÇÃO
SINDICATO NACIONAL DOS EDITORES DE LIVROS, RJ

---

G195v   Garbin, Daiana
          A vida perfeita não existe / Daiana Garbin.
        Rio de Janeiro: Sextante, 2020.
          160p.; 16 x 23cm.

          ISBN 978-65-5564-024-3

          1. Autoconhecimento. 2. Emoções. I. Título

                                    CDD 155.2
        20-65151                    CDU 159.923.2

---

Todos os direitos reservados, no Brasil, por
GMT Editores Ltda.
Rua Voluntários da Pátria, 45 – Gr. 1.404 – Botafogo
22270-000 – Rio de Janeiro – RJ
Tel.: (21) 2538-4100 – Fax: (21) 2286-9244
E-mail: atendimento@sextante.com.br
www.sextante.com.br

PARA TIAGO,

POR ESTAR AO MEU LADO NESTA JORNADA.

# SUMÁRIO

# INTRODUÇÃO

Oi, meu nome é Daiana e por muitos anos me senti insuficiente, inadequada e fracassada. Era como se dentro de mim existisse um buraco impossível de ser preenchido. Sim, eu sei que pode parecer estranho começar um livro assim. Mas, depois de muito refletir, escolhi exatamente essa frase para começar porque sei que você também se sente desse jeito. E provavelmente finge que está feliz, que é segura e realizada, como eu fiz quase a vida toda. Mas só *você* sabe quanto sofre com a insuficiência, a inadequação e a sensação de desamparo.

Não sei por quê, mas desde muito jovem, não importa onde eu esteja – no supermercado, na rua, no trânsito, em restaurantes, no avião –, sempre que olho para uma pessoa, a primeira coisa que penso é: será que ela é feliz? Qual será a dor dela? Será que ela chorou de tristeza hoje? Será que está angustiada? Tenho mania de não acreditar facilmente na felicidade e achar que todo mundo está sofrendo. Parece que eu sinto. *Eu vejo.*

Foi graças a esse desejo de falar que eu vejo você, que eu vejo a sua dor, que lancei o canal "EuVejo", no YouTube, em 2016, e meu primeiro livro, *Fazendo as pazes com o corpo*, em 2017. Desde então, passei a receber milhares de mensagens de pessoas em sofrimento. Pessoas de todas as idades, condições financeiras, de todos os graus de instrução, de todas as cores e amores. Homens e mulheres extremamente infelizes com a vida que levam. Pessoas sem nenhum estudo e pessoas com pós-doutorado.

Todas se sentem da mesma forma: inseguras, inadequadas, fracassadas, infelizes. O que está acontecendo?

Não sou profissional de saúde mental e este livro não é um guia médico ou psicológico. Sou uma curiosa estudiosa e uma mulher que sofre, como você. Então fui em busca de respostas. Obviamente, não encontrei todas as explicações para as causas do sofrimento humano, mas depois de quatro anos de estudos, pesquisas, entrevistas com dezenas de profissionais que investigam a mente humana e da análise de mais de 3 mil depoimentos de pessoas em sofrimento, descobri algumas coisas que quero compartilhar com você.

A primeira delas é que vivemos uma *perpétua sensação de insuficiência*, o que vou chamar de *sensação de inadequação/fracasso/vergonha/culpa/insegurança/vazio/desamparo*. Ao longo deste livro, vou mostrar como estamos adoecendo em busca de pertencimento, aprovação, reconhecimento, amor e felicidade. Sim, a gente adoece de tanto tentar ser feliz! Não é curioso? O desejo de reconhecimento nos escraviza. O desejo de afeto, de sermos sempre amadas, nos escraviza. O desejo de estar preenchida nos escraviza porque buscamos a plenitude como a única via possível de felicidade.

Vivemos a ilusão de que um dia nos sentiremos completas, de que estaremos totalmente seguras, protegidas, e só então poderemos gozar da felicidade. Acontece que jamais estaremos plenas, completas, totalmente preenchidas, sem vazios. Somos seres desejantes. Desejamos porque falta algo. Falta algo porque desejamos sempre mais e mais.

Não existe o momento mágico em que o vazio deixará de existir, em que você vai parar de desejar, em que o sofrimento vai desaparecer e você vai desfrutar de uma felicidade esfuziante e permanente. O objetivo deste livro é mostrar que isso não vai acontecer. A felicidade absoluta não é possível para o ser humano. No entanto, em geral não temos consciência disso e vivemos em busca da vida perfeita. Isso gera uma constante desestabilização psíquica – basta perceber quantas pessoas tomam ansiolíticos, antidepressivos ou remédios para dormir porque não conseguem lidar com a rotina.

Ficamos completamente cegas em busca dessa felicidade idealizada. Ansiando por uma vida livre de sofrimento e tentando lidar com o medo e a vergonha de não sermos boas o bastante, caímos na perigosa armadilha de desejar algo impossível. Nessa busca insana, estamos fadadas à frustração, porque a "invejável perfeição" e a "invejável felicidade" que almejamos simplesmente não existem.

Precisamos mudar nossa relação com a felicidade e com o sofrimento. A felicidade esfuziante que buscamos existe somente em episódios, assim como a dor e a tristeza. A vida é *neutra* a maior parte do tempo. Não acontecem coisas extraordinárias nem tragédias todos os dias.

Pense nos últimos sete dias da sua vida. Você vai reparar que teve muito mais de ordinário, comum, simples, neutro do que de incrível, terrível ou extraordinário. Vivemos muito mais tempo na neutralidade do que no prazer absoluto. Não há nada de fascinante ou fora do comum em quase todos os dias na minha vida e aposto que na sua também não. Isso é o que eu chamo de "vida neutra". Mas eu odiava a vida neutra. Tinha a fantasia de que a "vida perfeita" dos outros era sempre radiante, incrível e extraordinária, e que a minha "vidinha medíocre" era uma droga. A grande mudança aconteceu quando aprendi a ver felicidade na neutralidade, no simples, no comum.

Em meio a nossa rotina neutra, vivemos episódios de muita alegria e de muita dor. O problema é que não aceitamos nem a neutralidade nem o sofrimento. Queremos só a alegria, o prazer, as coisas boas, e é aí que começa a infelicidade. Para chegar à tal "felicidade", precisamos olhar fundo para o vazio, para a insuficiência, para a inadequação, para a sensação de fracasso, para os sentimentos de culpa, vergonha, ressentimento e inveja.

Este livro é um convite para mergulhar no lugar mais imprevisível, contraditório, ambivalente e, por vezes, assustador em que você já esteve: os seus pensamentos.

Vai doer? *Vai.* Você vai sentir raiva de mim? *Sim*, muitas vezes. Provavelmente vai ter vontade de parar de ler. Vai jogar este livro em um canto e dizer que eu sou uma louca invejosa e obsessiva. (O que sou também, mas não só!) Porém, depois de um tempo, você vai pegá-lo novamente e ler até o fim. Eu sei que isso vai acontecer, porque somos mais parecidas do que você imagina.

Em algumas partes vai até achar que foi você quem o escreveu. Sabe por quê? Porque você também sente as mesmas coisas que eu. Você também só quer ser feliz e evitar o sofrimento. Eu sei, eu sinto. Eu vejo você. Todos nós, mulheres e homens, somos iguais no desejo mais profundo e genuíno de amor e felicidade.

Por isso eu gostaria de lhe apresentar uma forma diferente de lidar com o sofrimento. Convido você a conhecer um caminho novo para uma vida possível, factível, que é muito diferente daquela que idealizamos. Esse caminho começa por aceitar que não existe vida sem dor, e, por mais contraditório que possa parecer, é sua relação com a dor que vai lhe ensinar a ser mais feliz.

Este livro não é apenas a minha história. É também a sua história e a de milhares de pessoas que me mandaram mensagens revelando o cenário interior de vergonha, medo, desespero, ódio ou tristeza que estamos vivendo.

Assim como no meu livro anterior, optei por me referir a você sempre no feminino porque a grande maioria do meu público é composta por mulheres. Minha intenção é que você se sinta representada, compreendida, acolhida, como se estivesse entre amigas. No entanto, como trato de sentimentos universais, que rompem as barreiras de gênero e são vivenciados por todos nós, eu gostaria que os homens também se sentissem acolhidos nesta conversa. Eu sei que você que é homem também vai se identificar com muitos sentimentos e situações sobre os quais vamos refletir nas próximas páginas.

Em uma aula no curso Fundamentos da Psicanálise, a professora Salete Abrão disse: "A vida humana não é razoável." Ouvir essa frase mudou algo dentro de mim. Comecei a estudar para tentar entender o que é ser feliz em uma vida que não é razoável, não é sensata, não é pautada pela razão, exatamente porque, no fundo, pouco entendemos de nós mesmas.

Não temos acesso a muitos de nossos sentimentos e pensamentos nem temos controle sobre eles. Fazemos muitas coisas sem saber direito por quê. Diante de uma vida que não é guiada pela razão, acaba sendo fácil transformar nossos dias em uma ladainha de culpa, arrependimentos, raiva, mágoa e inveja, como uma música chiclete, repetindo sempre o mesmo refrão. Viramos escravas dos nossos pensamentos e da nossa incapacidade de nos perdoar e mudar.

Como o ser desejante que sou, escrevi este livro com a intenção de lhe dar coragem para pensar sobre os seus sentimentos e as suas emoções. Para pensar sobre o desamparo, a ausência, a falta. Para questionar que felicidade é essa que você está buscando. Para falar sobre o passado e sobre um caminho de cura que pode surgir a partir de tudo que você já viveu.

Contar a sua história pode aliviar o medo e a vergonha. Os monstros da sua mente vivem no escuro. Quando damos nome a uma dor, quando a colocamos em palavras, trazemos luz para ela, paramos de tentar ignorá-la. O silêncio e a negação não são as únicas opções que você tem. Você não pode curar o que não se permite sentir.

*Sentir.*

---

Quando damos nome a uma dor, quando a colocamos em palavras, trazemos luz para ela, paramos de tentar ignorá-la. O silêncio e a negação não são as únicas opções que você tem. Você não pode curar o que não se permite sentir.

---

Escrevi este livro para lhe dar coragem de sentir a ambiguidade que é ser humano. A coragem de sentir a dor, de abraçá-la, de acolhê-la e não ser escrava dela (existe uma diferença enorme nisso). Coragem que eu não tinha e aprendi a ter. Uma pessoa só começa a se sentir livre e em paz quando aceita que existe dor em seu coração.

Também escrevi este livro para lhe dar coragem de sentir a neutralidade. A paz e a calma têm muito mais em comum com a neutralidade do que com a explosão de alegria que você idealiza viver 24 horas por dia.

Sei que tudo isso está parecendo muito estranho. Com tantos livros, gurus e vídeos ensinando o caminho para a felicidade plena, a vida perfeita, o sucesso absoluto, o "seja o melhor", "seja superior", "seja um vencedor", "seja tudo que quiser", um livro que diz para aceitar uma vida neutra, com alguns episódios de felicidade, parece pouco, né? Muito simplório, talvez? Será?

Mas, se você ainda está com este livro nas mãos, é porque guarda uma intenção muito forte de olhar para si mesma e entrar em contato com algo inquieto, angustiante, doloroso que se esconde aí dentro. Existem milhões de livros para ler e você escolheu este! Aqui nós teremos uma conversa franca de coração para coração.

A sua mente racional, acostumada a determinados padrões de pensamento, presa a conceitos definitivos de sucesso e fracasso, de certo e errado, de felicidade e infelicidade, não vai entender nada. Ela vai querer julgar essa experiência antes mesmo de você se permitir vivenciá-la. Abra o seu coração, tente tirar os filtros que cegam você e procure ler este livro com receptividade e curiosidade, evitando se julgar a cada linha. Não prometo receita de felicidade nem nada dessas bobagens. Proponho, sim, uma viagem com muitas perguntas. Nem sempre teremos todas as respostas, mas descobriremos o poder transformador de um ponto de interrogação.

Há um lugar secreto dentro de nós

Ali estamos nuas

Ali dentro mora o que somos em
estado bruto

Mora a diferença entre o que penso,
falo, sinto e faço

Sem recalque, sem filtro, só o desejo,
o impulso, puro, livre

Ali está o que é impublicável

É para esse lugar secreto que vamos
olhar agora

CAPÍTULO 1

# INVEJA, VORACIDADE E A DESVALORIZAÇÃO DE SI MESMA

Você não vai gostar muito do que vou dizer agora, e é por isso que preciso dizer. É sobre aquilo que você não revela para absolutamente ninguém, mas sente, pensa e sofre. É sobre quem é você em estado bruto. É sobre o que acontece dentro de sua mente. É sobre o diálogo interno, com todos os pensamentos e sentimentos que *não* gostaríamos de ter, mas temos, e de que nos envergonhamos. Aquilo que tentamos esconder é o que mais precisamos aprender a tocar, olhar e compreender.

Antes de tudo, saiba que você não está sozinha. Todo mundo tem o que autores como Nietzsche, Freud, Jung, Robert Louis Stevenson chamam de "lado sombrio, obscuro". Eu gosto de pensar também em "lado humano bruto, primitivo". Olhar para as sombras do nosso eu, encarar nossos pensamentos, sentimentos e desejos brutos, é extremamente doloroso, mas é o único caminho possível para viver melhor. Expor esses pensamentos não seria loucura? Bem, já perdi o medo de ser considerada louca.

Há quatro anos, quando revelei que sofria de transtorno alimentar e que vivi mais de 20 anos em guerra com meu corpo e com a comida, duas coisas aconteceram: primeiro, me julgaram e me ofenderam com as piores palavras que um ser humano é capaz de usar para magoar outro.

Depois, milhares de pessoas me agradeceram por ter falado abertamente sobre uma doença mental que paralisa a vida de tanta gente. Recebi, e recebo até hoje, mensagens e e-mails longos com a história de vida de pessoas que viram no meu sofrimento um local seguro para encarar a própria dor e buscar ajuda.

Meu primeiro livro, *Fazendo as pazes com o corpo*, se tornou um best--seller, participei de mais de 50 entrevistas nos principais veículos de comunicação do país e fui convidada para dar palestras em universidades, congressos, empresas e eventos em todo o Brasil. Por tudo isso, não tenho mais medo de falar sobre o sofrimento e o lado obscuro da nossa condição humana.

Eu descobri nos últimos anos que sou invejosa, controladora, voraz, possessiva, ciumenta. Sinto ódio, raiva, guardo rancor, tenho uma dificuldade imensa de perdoar quem me feriu e de lidar com as frustrações e com o fracasso. Sim, sou tudo isso e muito mais. E você? Não me diga que nunca sentiu inveja, raiva, ciúme; que nunca julgou ninguém nem teve pensamentos dos quais se envergonha.

Tudo bem, pode negar. Eu neguei tudo isso durante muito tempo, até aprender a admitir e aceitar que sou assim. Demorei muitos anos para entender que todo ser humano experimenta esses sentimentos em alguns momentos da vida (ou a vida toda). Hoje compreendo a nossa humanidade comum e compartilhada, a necessidade de falar sobre isso, de admitir que todos temos esses sentimentos.

Precisamos conversar sobre aquilo que nos corrói por dentro, e é pelo sentimento de que mais me envergonho que vamos começar: a inveja. Eu escrevo estas palavras com lágrimas nos olhos; lágrimas de vergonha por sentir inveja, e lágrimas de alívio por ter a coragem de admitir que sinto isso. Vamos refletir sobre o potencial destrutivo que a inveja pode ter na nossa vida, mesmo sem a gente perceber.

Este livro não faria sentido se eu dissesse que a inveja pode estar destruindo a sua vida sem contar que ela quase destruiu a minha. Quando descobri esse sentimento em mim e comecei a estudar o tema, percebi quanto da minha vida eu perdi por ficar invejando os outros e me comparando com eles. A minha perpétua sensação de insuficiência vinha da profunda inveja que se instalou em mim desde a infância.

Quando descobri esse sentimento em mim e comecei a estudar o tema, percebi quanto da minha vida eu perdi por ficar invejando os outros e me comparando com eles.

## O dia em que descobri que sou invejosa

Foi em meados de 2018, durante uma sessão de análise. Eu estava contando para a minha psicanalista sobre uma situação que havia acontecido muitos anos antes e como aquilo havia gerado uma onda de sentimentos ambíguos em mim.

Em 2006, eu ainda morava no Rio Grande do Sul e trabalhava como produtora, repórter e apresentadora em uma emissora de rádio quando fui chamada para fazer um teste para ser apresentadora na RBS TV. Desde que comecei a faculdade de jornalismo, os professores diziam que eu levava muito jeito para a carreira televisiva. Passei então a desenhar mentalmente um plano: trabalharia alguns anos em rádio, para adquirir experiência, depois tentaria ser repórter de televisão, para um dia ser apresentadora.

Meu maior sonho naquela época era apresentar o *JA*, o *Jornal do Almoço*, telejornal da RBS TV em Caxias do Sul. Eu me imaginava naquela bancada lendo as notícias do dia, conversando com os repórteres e fazendo comentários sobre a política e a economia da região. Mas eu tinha noção de que estava no meu primeiro emprego em rádio e que haveria um longo caminho de aprendizado e experiência antes de estar apta para um cargo de apresentadora de TV. Mesmo assim, criei muita expectativa sobre o teste. Procurei uma fonoaudióloga para me ajudar a melhorar a voz, treinava na frente do espelho. Ao mesmo tempo que eu sabia que não estava pronta para o cargo, tinha a esperança de ser contratada.

Participei do teste e estava confiante! Dias depois, o então chefe da RBS TV me ligou para comunicar que eu havia me saído muito bem, mas não tinha sido escolhida. Outra repórter seria a apresentadora. Na hora falei: "Tudo bem, ela merece!" Era uma jornalista que eu conhecia, havia sido minha colega em algumas disciplinas da faculdade, era muito competente, inteligente e realmente merecia o cargo.

Fui para casa muito triste naquele dia, refletindo sobre onde eu tinha errado, no que ela era melhor do que eu, o que eu deveria fazer para melhorar... essas coisas que a gente pensa quando perde uma grande oportunidade de trabalho. Mas, enfim, segui a minha vida. Em pouco tempo esqueci o ocorrido e tudo voltou ao normal.

Até que chegou o dia da estreia dela como apresentadora.

Quando eu a vi na TV, comecei a sentir uma pressão no peito, como se algo extremamente pesado estivesse pressionando o meu tórax. De repente, aquela pressão se transformou em um nó apertado na altura do coração. Era angústia misturada com raiva, e aquele nó ia ficando cada vez mais sufocante. Assim que o jornal acabou, desliguei a TV e fui tomar um banho. Entrei no chuveiro e comecei a chorar copiosamente. Sentei no chão, abracei as pernas e chorei de soluçar, como uma criança desesperada. Chorava porque eu queria muito aquilo. Chorava porque ver a minha colega naquele lugar que eu tanto desejava me causava uma dor dilacerante. Eu não conseguia suportar, parecia que meu peito ia explodir de tanta dor e tristeza.

Eu tinha vontade de arrancá-la do estúdio à força e me colocar no lugar dela. Quando me dei conta desses pensamentos, chorei mais ainda – de vergonha. Vergonha por desejar tirar algo de alguém e querer para mim. Mas era incontrolável... Era uma sensação de que haviam tomado algo que me pertencia. Algo que eu merecia e que "deveria" ser meu. Eu chorava cada vez mais de tristeza, raiva, desamparo, vergonha e culpa, tudo misturado. Quando não tinha mais lágrimas para chorar, saí do banho e segui em frente, tentando nunca mais pensar naquele dia.

Em 2018, naquela fatídica sessão de análise, esse episódio já esquecido voltou à tona. Quando contei a história em detalhes, minha analista perguntou: "Daiana, qual seria o nome disso que você sentiu?" Eu respondi: "Tristeza, raiva, ciúme." Note que não usei a palavra "inveja". Afinal, eu não era invejosa! Não poderia ser! Eu pensava: "Jamais senti inveja em toda a minha vida! Não sou assim, nunca fui. Não, não e não, não sou invejosa. Inveja é uma coisa horrível!" Ela insistiu e pediu que eu descrevesse melhor a sensação de querer arrancar minha colega do estúdio e tomar o lugar dela. Eu hesitei, depois comecei a chorar; não queria falar em voz alta a palavra "inveja". Eu não podia sentir aquilo, afinal é um sentimento hostil, agressivo. Queria ser uma pessoa boa, e, na minha cabeça, pessoas boas não sentem inveja. Mas acabei percebendo que o que senti naquele momento foi, sim, inveja. Chorei muito, não conseguia me perdoar por algo tão terrível. Como assim eu sou invejosa? Sou uma pessoa má?

---

> Como assim eu sou invejosa?
> Sou uma pessoa má?

---

Eu entendia a inveja como uma espécie de raiva, um impulso de tirar algo de uma pessoa ou destruí-lo. Um sentimento abominável que eu não queria para mim. Depois daquela sessão, passei a ter consciência de todas as vezes em que a inveja me visitou ao longo da vida. E não foram poucas...

A primeira lembrança que surgiu foi de um fato ocorrido quando eu tinha 5 ou 6 anos. Eu estava com uma vizinha, da minha idade, na esquina da minha casa em Farroupilha, no interior do Rio Grande do Sul. Minha amiguinha tinha ganhado um conjunto lindo de panelinhas cor-de-rosa e me convidou para brincar. Quando peguei um pouco de terra e grama para fazer a comida, ela disse algo como: "Não encoste nas minhas panelas! Te chamei para você olhar. Eu brinco e você fica só olhando." É claro que não me lembro exatamente das palavras dela, mas lembro muito bem que eu *não* podia brincar. Havia sido convidada somente para olhar enquanto ela se deliciava com seu brinquedo novo.

Fui tomada por uma raiva tão grande que joguei, com toda a força, as panelinhas novas dela no barranco que havia perto de onde a gente estava. E fui para casa, cheia de razão, pensando: "Se eu não vou brincar, ela também não vai!" A menina foi correndo e chorando contar para a mãe dela o que eu havia aprontado. A mãe da menina foi lá em casa, na hora, falar com a minha mãe. Tomei uma bronca daquelas, tive que pedir desculpas e fiquei de castigo. Decidi contar essa história porque é importante notar que o meu impulso primitivo, aos 5 ou 6 anos, foi o de destruir, quebrar, aniquilar aquilo que eu desejei ter mas não pude.

Lembro de outra situação, aos 8 anos. Eu era a "primeira prenda mirim" da minha região – um concurso tradicional na cultura gaúcha que envolve provas de conhecimentos gerais, simpatia e habilidades artísticas – e estava participando da etapa seguinte, para eleger a primeira prenda mirim do estado. Esse título daria à ganhadora o status de guria mais inteligente e simpática do Rio Grande do Sul, e eu estava determinada a ser essa campeã. Na época, era o título máximo que uma menina de 8 anos poderia conquistar!

Eu havia começado a participar de concursos de primeira prenda naquele ano e nunca tinha experimentado uma derrota sequer em nenhuma etapa. Estudei muito, muito mesmo, para aquele concurso. Chegava da escola e passava o resto do dia estudando. Treinei muito a dança, o canto e a declamação de poesias. Eu estava muito preparada, tinha certeza de que ficaria entre as três finalistas.

No dia marcado, fui muito bem na entrevista e nas provas, mas mesmo assim perdi o concurso: fiquei em sexto lugar. Quando anunciaram o resultado e eu entendi que não seria a primeira prenda mirim do Rio Grande do Sul, senti muita raiva. Chorando, eu perguntava para a minha mãe: "Por que, mãe? O que elas têm que eu não tenho?!" Minha vontade era correr até o palco, derrubar a guria que tinha ganhado a faixa e o troféu e pegar aquele título que "deveria ser meu". Sim, eu, uma criança de 8 anos, senti vontade de derrubar outra criança de um palco e arrancar dela algo que eu entendia como meu. (Calma, eu não fiz nada disso. Voltamos para o hotel e passei o resto da noite chorando, até dormir.)

Neste momento estou rindo de mim mesma ao contar essas situações que vivi. Rindo do meu narcisismo, da minha arrogância de achar que ninguém poderia ser melhor do que eu ou ter algo que eu não tinha. E rindo também porque, em muitos momentos da minha vida adulta, me peguei pensando em agir exatamente como a Daiana de 5, 6 ou 8 anos. Dentro de mim ainda existe essa menina invejosa, arrogante, impulsiva, possessiva, ciumenta e voraz que não admite perder nem ser privada de algo que deseja.

Hoje compreendo que foi por não saber lidar com esses sentimentos primitivos que a sensação de inadequação/fracasso/vergonha/culpa/insegurança/vazio/desamparo foi tão presente em toda a minha vida. Ela me causou tanto sofrimento que cheguei a desenvolver um transtorno alimentar porque eu realmente achava que iria "curar" esse vazio sendo cada vez mais magra. Eu não tinha clareza de que a minha percepção de ser inadequada, fracassada e insuficiente existia porque eu vivia me comparando, invejando e me desqualificando. Eu não tinha recursos emocionais para entender isso.

Descobrir que tenho um impulso de pensar de forma tão primitiva e infantil transformou a minha vida. Essa descoberta me fez refletir mais sobre cada um dos meus pensamentos e atitudes. Olhar para essa Daiana me tornou uma mulher capaz de rir de mim mesma ao me perceber agindo como uma criança, capaz de acolher os sentimentos que não posso mudar e, principalmente, capaz de mudar a forma como reajo ao que me causa sofrimento.

## É doloroso olhar para as sombras do nosso eu

A dificuldade de aceitar os sentimentos condenáveis ou proibidos surge porque queremos negar, veementemente, que somos assim. Negamos para nós mesmas! Eu tentei negar que sentia inveja. Inveja, cobiça, era tudo misturado em um emaranhado de sentimentos que me fazia sofrer muito. Depois da minha descoberta, passei a ter consciência e clareza de todas as vezes em que a inveja surge, e passei a acolher, suavizar e deixar ir embora esse sentimento que eu não quero para mim. Esse reconhecimento é fundamental para aprendermos a questionar e a dar novo sentido àquilo que a gente sente.

Compreendi que precisava me dar "permissão" para sentir inveja, assim como raiva, ódio, ciúme, rancor e todas as emoções negativas que fazem parte da condição humana e que inevitavelmente vamos sentir muitas vezes ao longo da vida. Entendi também que, junto com a "permissão para sentir", vem a responsabilidade de encarar a parte obscura de nós mesmas. É libertador quando você se permite acolher suas emoções, porque só assim desenvolve o poder de elaborar o que está sentindo, para então deixar o sentimento ir embora. Perceba como precisamos, antes de tudo, *ter consciência* do que estamos vivendo.

---

Compreendi que precisava me dar "permissão" para sentir inveja, assim como raiva, ódio, ciúme, rancor e todas as emoções negativas que fazem parte da condição humana e que inevitavelmente vamos sentir muitas vezes ao longo da vida.

---

É preciso uma dose monstruosa de coragem para admitir: sou invejosa, possessiva, ciumenta, sinto ódio, raiva e muitas coisas ruins às vezes. Só consigo escrever sobre isso porque hoje sei que ser assim não me torna uma pessoa má. Pelo contrário. Entrar em contato com meu lado bruto, primitivo e obscuro me tornou uma pessoa mais consciente e calma, me permitiu observar, nomear e sentir em vez de ser engolida pelo sofrimento que esses sentimentos geram, e assim desenvolvi a possibilidade de tocar minhas sombras com aceitação, bondade e menos julgamento.

Admitir para mim mesma que sinto essas coisas, entender que todo ser humano também sente e que isso faz parte da complexa teia de sentimentos, emoções e pensamentos que constitui a nossa psique, me libertou da prisão emocional em que eu vivia.

Tive o privilégio de aprender que todos somos bons e maus, ambíguos, contraditórios. Somos uma coexistência de sentimentos completamente opostos, uma explosão de desejos e recalques, vontades e proibições. Somos seres complexos e inexplicáveis. Compaixão, generosidade, empatia, alegria, gentileza, amor, solidariedade, inveja, mágoa, egoísmo, ciúme, possessividade, agressividade, tristeza, ódio, raiva, rancor – somos tudo isso em camadas muito complexas. E aquilo que tentamos esconder, que queremos negar a todo custo e com que evitamos entrar em contato é o que mais precisamos aprender a tocar. É da negação ou do desconhecimento de nossos pensamentos e sentimentos brutos, primitivos e por vezes obscuros que vem grande parte do nosso sofrimento emocional.

## Inveja consciente e inveja inconsciente

Como é possível ser feliz e gostar de si mesma se você define a sua felicidade e o seu valor com base em tudo que você *não* tem e os outros têm? Nesse raciocínio, você está condenada à infelicidade eterna, porque sempre haverá coisas que alguém tem e você não. Assim como sempre haverá algo que você tem e os outros não, mas não costumamos pensar nisso. Nosso pensamento está sempre naquilo que *não* somos e *não* temos.

Durante mais de 20 anos, fui prisioneira da sensação de inadequação/ fracasso/vergonha/culpa/insegurança/vazio/desamparo. Sabe por quê? Não por ser uma coitadinha, vítima da vida, e sim porque eu não sabia viver de outra forma que não fosse invejando os outros e me comparando a eles. Eu só não percebia isso.

A etimologia da palavra "inveja" vem do latim *invidia*, do verbo *invidere*. É formada por *in* (dentro de) + *videre* (olhar), o que significa um olhar que penetra, vai para dentro do outro.[1] Certamente você vai se lembrar de expressões como "mau-olhado", "olho-grande", "olhar de seca pimenteira". Inveja é o olhar que penetra o outro e "seca" aquilo que ele tem e você deseja. Nessa simples descrição já podemos perceber o potencial destrutivo desse sentimento, não para a pessoa que você inveja, e sim para você mesma. A inveja se manifesta quando o desejo de ter algo é substituído por uma ânsia de que o outro não o tenha. É como se o outro tirasse o que é seu, ocupasse o seu lugar. A inveja é uma mescla de ódio, ressentimento e da sensação de que algo se tornou inalcançável.

---

A inveja se manifesta quando o desejo de ter algo é substituído por uma ânsia de que o outro não o tenha.

---

A psicanalista Melanie Klein, referência no estudo psicanalítico da inveja e autora do livro *Inveja e gratidão* (1957), desenvolveu a teoria segundo a qual esse sentimento aparece como componente fundamental na constituição de qualquer ser humano. Ele surge a partir da primeira falta que vivenciamos com a sensação de desamparo disparada no nosso nascimento. Para Klein, começamos a sentir inveja na nossa relação primária com a mãe e nas primeiras vivências de privação e separação que existem na relação mãe-filho. Portanto, só estaríamos completamente livres da inveja se não nos faltasse nada, mas, como sempre falta algo, sempre sentiremos inveja de alguma forma.

Não temos como negar a vastidão e a complexidade da inveja na condição humana, por isso é primordial compreendermos como esse sentimento impacta negativamente a nossa vida. Melanie Klein escreveu no livro citado:

Tenho dado uma ênfase particular à qualidade de destruição e estrago da inveja, na medida em que ela interfere na construção de uma relação segura com o objeto bom interno e externo, solapa o sentimento de gratidão e, de muitas maneiras, obscurece a distinção entre bom e mau.[2]

A "qualidade de destruição" significa que, ao invejar alguém, somos tomadas por uma tristeza/raiva enorme de apreciar algo no outro e não o ter, o que leva à autodepreciação, ao ódio por nós mesmas e ao ressentimento. As pessoas muito ressentidas com a vida estão sempre se comparando com alguém mais bonito, mais rico, mais inteligente, mais "perfeito", como eu fazia o tempo todo. Assim, a pessoa tomada pela inveja é sempre insaciável e se sente permanentemente vazia, fracassada, porque existe uma conexão íntima entre inveja, ciúme, voracidade e fracasso.

Se uma pessoa é insaciável, ou seja, se nada é suficiente para atender ao seu desejo, ela não consegue usufruir o que a vida lhe dá, porque é sempre menos do que aquilo que quer ter. Dessa forma, ela vive em um abismo, sufocada pela angústia e pela sensação de vazio, em busca de algo que nem sabe ao certo o que é. Muitas vezes estamos vivendo, sem perceber, no abismo que criamos para nós mesmas.

Hoje percebo quanto de inveja, consciente e inconsciente, havia na minha relação doentia com a comida. Uma vez que a pessoa paralisada pela inveja se sente sempre vazia, insaciável e voraz, ela pode usar a comida para tentar preencher esse abismo que se criou dentro dela. Às vezes é pelo alimento que tentamos preencher o vazio deixado por outras faltas. Muita gente usa as drogas, o álcool, o jogo ou o sexo com essa mesma finalidade.

Muitas pessoas que me escreveram por sofrerem de transtorno alimentar relatam que viveram privações na relação primária com a mãe. É nessa relação que aprendemos – ou não – a amar e ser amados. Falhas e vazios nessa necessidade básica de amor materno podem gerar outras necessidades para o resto da vida. A pessoa procura desesperadamente ser amada, buscando em todas as suas relações compensar a falta básica do amor da mãe. Isso não significa necessariamente que a mãe não a tenha amado, e sim que, por algum motivo, a pessoa sente que não foi amada o suficiente. Pode ser uma necessidade de amor real ou imaginária.

A inveja está relacionada com o desamparo, a ausência e a privação, por isso muitas vezes não percebemos quando ela se manifesta. Sabemos que sofremos, mas não entendemos direito o porquê. A psicanalista Elisa Maria de Ulhoa Cintra, autora de vários livros e estudiosa de Klein, explica que a inveja atua de forma silenciosa na dinâmica intrapsíquica, ou seja, muitas vezes você *não sabe* conscientemente que sente inveja. É a chamada "inveja inconsciente", que é bastante destrutiva exatamente porque não sabemos que a sentimos. Cintra ressalta:

(...) sempre que houver perturbações na capacidade de viver o prazer e na capacidade de trabalhar e criar, é possível levantar a hipótese de algum estrago provocado pelo – às vezes bastante silencioso – trabalho da inveja. E um dos maiores problemas dos indivíduos movidos (e paralisados) pela inveja inconsciente é a existência de um superego invejoso que ataca e destrói todas as tentativas de fazer reparações e criar. Esses pacientes contam com uma voz interior que insinua a inutilidade de todos os esforços... de maneira que acabam condenando ao fracasso os movimentos de interesse e realização no mundo.[3]

---

A inveja está relacionada com o desamparo, a ausência e a privação, por isso muitas vezes não percebemos quando ela se manifesta. Sabemos que sofremos, mas não entendemos direito o porquê.

---

Quantas vezes você se percebeu incapaz de vivenciar o prazer? Incapaz de desfrutar de bons momentos, de trabalhar, criar, desenvolver aquele

27

projeto que tinha tudo para dar certo? Quantas oportunidades perdeu por ficar paralisada pela certeza de que daria errado? Quantas vezes a sua voz interior fez você acreditar que era inútil, uma fraude? Quando somos movidas pela inveja inconsciente, temos um superego invejoso que nos ataca. É a voz interior que diz que somos inadequadas, insuficientes, que nenhum esforço vai dar certo e que seremos sempre fracassadas.

Sem perceber, a pessoa tomada pela inveja vive uma necessidade inconsciente de punição com um aumento da desvalorização do próprio eu, que leva a um processo autodestrutivo. É o círculo vicioso da diminuição de si mesma.

Um exemplo desse doloroso processo é retratado no filme *Amadeus*, de Milos Forman, lançado no Brasil em 1984. O clássico é inspirado na vida dos compositores Wolfgang Amadeus Mozart e Antonio Salieri, mas a história sobre a possível rivalidade entre eles é considerada fictícia. O filme começa em 1823, quando Salieri, já idoso, tenta o suicídio. Ele é internado em um hospício, recebe a visita de um padre e eles iniciam uma longa conversa sobre seu relacionamento com Mozart.

Salieri, que era compositor oficial do imperador, confessa ao padre que, quando Mozart entrou para a corte, ele foi consumido por ódio e inveja porque o jovem era um prodígio. Criava composições brilhantes com muita facilidade e tinha um talento incomparável. Ao perceber que perderia seu espaço na corte, Salieri passou a fazer de tudo para prejudicar Mozart. Mas, ao mesmo tempo que sentia inveja, raiva e ódio, Salieri admirava profundamente o talento do rapaz. Desejava criar obras tão perfeitas quanto Mozart, entretanto foi tomado pela inveja e passou todos os seus dias ressentido, sentindo-se fracassado, e isso o levou a tentar acabar com a própria vida. É o retrato do perigoso círculo vicioso autodestrutivo da inveja.

## A inveja é um sinal
Se você vive nesse círculo vicioso, procure investigar seus sentimentos. Quando sentimos inveja, estamos recebendo um sinal muito importante,

porque *aquilo que você inveja no outro é o que mais deseja*. É o sinal daquilo que não suportamos na nossa vida e procuramos na vida do outro.

Nesse sentido, uma reflexão transformadora é: *O que estou procurando na vida daqueles que invejo?*

Tudo que julgamos nos outros também é um sinal. A inveja e o julgamento estão na estrutura do desejo, porque a inveja é um desejo insaciável. É o traço voraz do desejo, e exatamente por isso a inveja inconsciente pode se manifestar por meio da negação e/ou da desvalorização do outro. A inveja também é a negação de um desejo oculto ou um ataque depreciativo ao outro, quando o outro tem – ou é – aquilo que desejamos.

Um exemplo: uma mulher de 34 anos, que vou chamar de Annie, me contou que julga ferozmente as mulheres que expõem o corpo de biquíni ou de lingerie nas redes sociais. Annie confidenciou que se deu conta de que agia assim porque, no fundo, tinha um anseio profundo de se sentir desejada, mas sentia muita vergonha disso. Depois de anos de casamento, ela percebeu que não despertava mais desejo no marido e sentia muita falta de um olhar lascivo por parte de um homem. Para se proteger do próprio desejo, ela julgava como "indecentes e putas" as mulheres capazes de fazer o que ela sentia vontade mas não conseguia. Annie escreveu:

> "Não quero ser considerada puta, mas tenho o desejo de mostrar meu corpo. Não sei como lidar com isso, tenho vergonha, portanto falo para todo mundo que acho um absurdo aquelas mulheres seminuas no Instagram; digo que acho isso coisa de mulher sem valor. Na verdade, descobri que acho lindo e sinto inveja porque queria ter a coragem e a liberdade delas."

Annie negava o desejo e depreciava outras mulheres como forma de se proteger do próprio desejo. Note que ela nem se dava conta de que agia assim. Muitas vezes fazemos isso sem perceber. Comparamos, avaliamos, julgamos, depreciamos o tempo todo. Agimos no piloto automático, sem pensar sobre o que esse julgamento diz sobre nós mesmas. O que vai libertar você da vergonha e da inveja é, primeiro, ter consciência do que sente, e, segundo, tentar compreender o que o seu julgamento e a sua inveja querem lhe mostrar.

É muito poderoso poder dizer "Eu sinto inveja". Parece que a inveja começa a se desfazer no momento em que você admite que a sente. Claro, não queremos nos conformar em sentir inveja, pelo contrário! Quando você admite ter um sentimento que considera negativo, pode buscar caminhos para suavizá-lo. Mas como? Não podemos curar o que não sabemos que sentimos. É impossível mudar algo que nem sabemos nomear. Admitir a inveja é o primeiro passo, porque você a naturaliza e deixa de reprimi-la. É importante também compreender que, como seres humanos, nós sentimos tudo – coisas boas e coisas ruins. E precisamos nos permitir sentir tudo isso, pois só assim podemos aprender a ressignificar os sentimentos e a lidar com o que nos incomoda.

---

É muito poderoso poder dizer "Eu sinto inveja".
Parece que a inveja começa a se desfazer no
momento em que você admite que a sente.

---

Alguns pensadores, como Nietzsche, ressaltam que existe uma ambiguidade na ideia de inveja. Na Antiguidade, os gregos concebiam a inveja como uma forma de admiração, não havia uma conotação vergonhosa ou destrutiva. Diante disso você se torna capaz de refletir: qual é o impacto da inveja na sua vida? Quantas vezes confundiu admiração com inveja? Já prejudicou alguém por inveja?

Gentilmente, tente se tornar consciente das situações e dos pensamentos em que a inveja esteve presente. Todas as nossas emoções negativas – a raiva, o ciúme, a inveja, o ódio, o ressentimento e até a indiferença – servem para nos ensinar alguma coisa sobre nós mesmas.

## Inveja e gratidão

Outra forma de suavizar a inveja é por meio da gratidão. Melanie Klein fala do "jogo da inveja e gratidão". Enquanto a gratidão é o reconhecimento por ter recebido algo, a inveja é a impossibilidade de receber. O invejoso nunca consegue se sentir grato porque acha que jamais recebe o suficiente da vida. Quando a pessoa invejosa consegue perceber que tem conquistas, que tem valor, que não é inútil, quando descobre algum sentido para a sua existência, ela passa a sentir mais gratidão e menos inveja. Ela se sente fortalecida e assim libera a capacidade de amor e gratidão que estava sufocada pela força destruidora da inveja.

Foi assim que eu aprendi. Ao me observar enquanto julgava e invejava os outros, descobri que tudo dizia respeito a mim! Eu apontava no outro algo que doía de forma insuportável dentro de mim. Eu criticava na vida do outro o que era intolerável na minha própria vida. Esse aprendizado me libertou e ainda me liberta todas as vezes que vejo que estou prestes a repetir esse comportamento. Respiro fundo e digo a mim mesma: "Isso é seu, Daiana. Não projete nos outros."

---

Ao me observar enquanto julgava e invejava os outros, descobri que tudo dizia respeito a mim! Eu apontava no outro algo que doía de forma insuportável dentro de mim. Eu criticava na vida do outro o que era intolerável na minha própria vida.

---

Você já parou para refletir que talvez aquela moça que postou uma foto de biquíni no Instagram sinta-se tão insegura e desprotegida que a forma que ela encontrou para afastar a sensação de desamparo foi mostrar-se livre e segura na rede social? Ou talvez ela simplesmente goste de se sentir desejada! Quem sabe o que se passa por trás de uma foto? Não sabemos absolutamente nada sobre os sentimentos dos outros.

Quero convidar você a analisar todos os pontos em que se julga e se envergonha. Possivelmente você vai descobrir que essas coisas são as mesmas que inveja ou critica nas outras pessoas. Quando fazemos isso, estamos usando um mecanismo de defesa que tenta expulsar de dentro de nós algo que dói, algo que não suportamos e acabamos atribuindo ao outro.

Quando a vida parece ruir diante da angústia de não gostar de quem somos, da aparência que temos e da inveja que sentimos, quando a vergonha que temos de nós mesmas se torna insuportável, precisamos descobrir um caminho para não adoecer. Eu acredito que esse caminho é aprender a olhar para dentro e elaborar as sombras da nossa personalidade. É ter a responsabilidade de entrar em contato com nossos sentimentos brutos, primitivos e obscuros. Ao longo do livro ainda vamos conversar muito sobre fracasso, culpa e vazio, mas antes disso temos que falar sobre o sentimento de humilhação que conhecemos por *vergonha*. E veremos como a inveja está intimamente ligada ao fato de sentirmos vergonha de quem somos.

Vergonha

Dor que sufoca, corrói

Uma vida paralisada pela vergonha

Pelo medo da humilhação e da
rejeição

Perpetuamente envergonhada e
angustiada

Deixando a vida passar

Em uma busca eterna por algo que
nunca chega

Quem sou eu sem a minha vergonha?

## CAPÍTULO 2

# A VERGONHA DE SER QUEM VOCÊ É

Não conseguir se aceitar ou gostar de si mesmo é um dos maiores sofrimentos que o ser humano pode vivenciar. É uma verdadeira prisão. Superar esse sentimento é conquistar a liberdade. No entanto, esse é um dos feitos mais complexos da vida. Eu, por exemplo, só parei de sentir vergonha de mim mesma aos 36 anos. Aprendi que não há necessidade de erguer muros e colocar máscaras para me proteger; percebi que poderia parar de me esconder e de me diminuir e apenas ser quem sou. Tive que aprender a responder perguntas como: Quem eu sou? Do que sinto tanta vergonha?

E você?

O que a aprisiona?

Do que exatamente sente vergonha?

Do seu corpo?

Da sua voz?

Do seu sotaque?

Da sua origem?

Do jeito como se veste?

De algo que você falou ou fez e se arrependeu?

Da sua sexualidade?

Dos seus desejos?

Da sua fome?

Dos seus sonhos?

Dos seus "fracassos"?

Quando essa vergonha começou? De onde vem? Entender a origem do sentimento que nos aprisiona é fundamental.

Por mais que você diga que é forte, que não se magoa com facilidade, que não liga para o que os outros dizem, mesmo que você seja a pessoa mais confiante do mundo, eu sei que no fundo você é frágil e vulnerável, como eu e como todos os cerca de 7 bilhões de habitantes da Terra.

É inevitável que experimentemos mágoa, dor, humilhação, rejeição, traição, perdas. Nossas feridas podem ser físicas ou emocionais. As pessoas machucam as outras com armas, atos e palavras. Você não tem como passar a vida sem ser ferida de alguma forma e, certamente, também já feriu e ainda vai ferir alguém, mesmo sem ter a intenção. Veja aonde eu quero chegar: por causa de tudo que já vivemos, temos muitas marcas e feridas que determinam o que somos hoje. No início da gestação, na barriga da sua mãe, você era uma folha em branco. O que faz você sofrer ou ser feliz hoje tem relação com tudo que você viveu desde então, sejam fatos reais ou imaginários – sim, a gente inventa muita coisa sem perceber (sobre isso vamos conversar no Capítulo 4). Comece a pensar em tudo de que você se envergonha e veja se consegue descobrir de qual ferida esse sentimento se origina.

Podemos sofrer com a vergonha da nossa aparência, do papel que desempenhamos na maternidade, na família ou no casamento, da nossa capacidade intelectual, do nosso trabalho, do desemprego e até da nossa saúde. Sim, muitas pessoas se envergonham de ter alguma doença. (Eu sentia muita vergonha por ter transtorno alimentar.) A vergonha paralisa, corrói, nos faz ter uma vida medíocre porque estamos sempre preocupadas com o que os outros vão pensar. É uma emoção dolorosa, que surge quando não conseguimos cumprir as expectativas inalcançáveis que estabelecemos.

Vergonha é a sensação de ter arranhado, quebrado ou destruído a nossa imagem, de ter aparecido em público nua, crua, suja; é sentir-se exposta, com os defeitos e o desamparo à mostra.

---

Vergonha é a sensação de ter arranhado, quebrado ou destruído a nossa imagem.

---

Um exemplo que ilustra bem esse conceito é a cena do seriado *Game of Thrones* em que a rainha Cersei, uma das personagens mais cruéis da série, é punida com uma "caminhada da vergonha" após confessar alguns de seus crimes. Nua e com os cabelos cortados pela raiz, ela é obrigada a andar pela rua no meio de uma multidão enfurecida que grita insultos, atira objetos e cospe nela. No fim da caminhada, a rainha está toda machucada e em prantos. A cena é brutalmente humilhante e provoca imenso desconforto, mesmo sendo Cersei uma vilã odiosa.

Vergonha também tem a ver com a falta de conhecimento ou de poder, com a sensação de não ser admirada nem reconhecida, de não ser tão inteligente nem tão bela quanto desejava ser. Podemos sentir vergonha por ter falado algo errado, por ter mentido, por não termos nos expressado bem, por não ter recebido a educação que gostaríamos, por não ter tido acesso aos recursos e às regras de etiqueta de determinado grupo.

Fazemos de tudo para agradar o outro e assim tentar evitar a humilhação e a rejeição. Vergonha é o medo da humilhação e da rejeição. Como diz a pesquisadora americana Brené Brown, uma das maiores estudiosas do impacto da vergonha na nossa vida, a vergonha é uma epidemia silenciosa: "A vergonha nos obriga a valorizar tanto o que os outros pensam que perdemos a nós mesmas de vista enquanto tentamos atender às expectativas dos outros." Ela explica que "vivemos em conflito com quem devemos ser, o que devemos ser e como devemos ser. Vivemos com medo de não agradar e não ser aceitos".

No livro *Eu achava que isso só acontecia comigo*, Brené diz que a vergonha é a voz do perfeccionismo. Ela explica que o não cumprimento de expectativas inalcançáveis nos leva à dolorosa teia da vergonha:

> Em primeiro lugar, temos um número absurdo de expectativas despejado sobre nós, muitas nem mesmo viáveis ou realistas. Em segundo, dispomos de um número muito limitado de opções para atendermos a tais expectativas. Para esclarecer a metáfora da teia da vergonha, usemos um exemplo que quase todas nós consideramos relevante: a imagem corporal. Mesmo conscientes da manipulação da mídia e dos distúrbios alimentares, o problema não parece melhorar. De fato, a imagem corporal e o peso emergiram como uma questão de vergonha para aproximadamente 90% das mulheres entrevistadas.[4]

E eu pergunto a você: como e quando foi que a sua imagem corporal passou a ser motivo de vergonha? E sobre as outras vergonhas que você sente, já parou para pensar quando e como tudo isso começou?

O curioso é que não sabemos nem como começar a pensar sobre a nossa perpétua sensação de insuficiência. Sabemos que sofremos, mas não temos instrumentos para pensar a respeito. Por exemplo, você já tinha se dado conta de que a vergonha é julgamento puro? Você se julga deficitária perante o que quer que os outros pensem de você. A vergonha é sempre baseada na comparação com algo que você considera "ideal", que você classifica como certo, adequado ou melhor.

Calma, já vou explicar como isso acontece.

Com base nos depoimentos de 3 mil pessoas que me escreveram

contando sobre seus sofrimentos, escolhi quatro pontos fundamentais que apareceram em quase todas as histórias. Eles podem ser um fio condutor para ajudar você a compreender a origem das suas vergonhas:

1. Somos ensinadas a sentir vergonha.
2. Sentimos vergonha de algo que nosso corpo viveu.
3. Sentimos vergonha de algo que desejamos.
4. Sentimos vergonha daquilo que julgamos e invejamos nos outros.

Vamos pensar juntas sobre cada um dos pontos.

## Primeiro ponto fundamental: Somos ensinadas a sentir vergonha

A vergonha não nasce conosco, alguém nos ensina a senti-la. Brené Brown diz: "A vergonha vem de fora – das mensagens e das expectativas de nossa cultura. O que vem de dentro é uma necessidade muito humana de pertencimento e de relacionamento."[5] O sofrimento com nossas características e com quem somos nasce a partir das pessoas que nos cercam e é influenciado pela cultura em que fomos criadas.

Estamos falando de muitos tipos diferentes de vergonha: vergonha de não ser amada, aceita, reconhecida, suficiente; vergonha de sentir que não pertencemos a determinado grupo; vergonha de desejar uma ligação afetiva com outras pessoas. O que vai ditar as vergonhas que vão se manifestar na sua vida é tudo aquilo que você aprendeu, ouviu e vivenciou desde a infância. A família e o meio sociocultural em que você cresceu construíram, na sua psique, os conceitos do que é adequado e inadequado, bom e ruim, certo e errado. É por isso que em algumas culturas é aceitável que uma menina de 10 anos se case com um noivo escolhido pelos pais, mesmo contra a vontade dela, enquanto na nossa cultura isso não é aceitável nem mesmo permitido por lei. O ser humano se ajusta às regras vigentes em sua época, sua família e sua cultura, e isso já diz muito sobre os motivos por que você sente certas coisas.

Todas nós já passamos por situações em que nos sentimos humilhadas, rejeitadas, diminuídas ou ridicularizadas. Naquele momento de vulnerabilidade, você certamente foi tomada pela vergonha de ser como é, ou de ter falado ou feito algo, e isso ficou registrado em você, como uma marca na sua pele. Esse sentimento pode durar para sempre, a não ser que você tenha consciência de que vive aprisionada nele. Para se proteger e evitar viver novamente aquela humilhação, você passa a agir sempre para agradar aos outros. Nesse processo, acaba se esquecendo de quem você é de verdade.

Neste momento, convido você a pensar sobre tudo que faz não porque gosta, e sim para evitar se sentir humilhada ou rejeitada mais uma vez.

Por muitos anos eu usei uma armadura para me proteger do medo de me sentir assim, e por isso vivi quase toda a minha vida angustiada, tentando ser o mais perfeita possível, acreditando que isso me salvaria das situações de rejeição. Acontece que isso não funciona. Essa armadura é pesada e inútil, pois não temos como evitar que os outros nos rejeitem ou nos humilhem. Vamos necessariamente passar por situações em que nos sentiremos envergonhadas – e tudo bem! Não temos como mudar o que os outros pensam de nós nem o que vão dizer, mas temos o poder de mudar como vamos reagir a isso.

Quando acolhemos e aceitamos as nossas vergonhas, a opinião do outro perde poder e intensidade. É claro que somos constituídas pelo olhar do outro, não temos como negar isso. Precisamos da aprovação, do reconhecimento e do amor das outras pessoas. Seria leviano dizer: "O seu valor não está no olhar do outro. O seu valor está somente em você, não ligue para o que os outros dizem a seu respeito." É uma linda frase de autoajuda, mas é ingênua, é uma falsa promessa de autossuficiência. É aquele tipo de frase que viraliza nas redes sociais e nos faz declarar: "Agora, sim, vou viver sem me preocupar com o que os outros pensam de mim." Mas isso dura apenas alguns minutos, porque somos parte de um todo!

> Quando acolhemos e aceitamos as nossas vergonhas,
> a opinião do outro perde poder e intensidade.

Não estamos sozinhas no mundo e jamais vivemos sem conexão com as pessoas, sem a apreciação, o carinho e o respeito dos outros. Precisamos sentir que pertencemos. Não existimos sem o amor, a aprovação e o reconhecimento daqueles que são importantes para nós. Você não vai conseguir viver bem se estiver se sentindo desamparada. Saber que é amada, acolhida e respeitada é tão necessário quanto ter ar para respirar. Mas, apesar de toda essa necessidade de afeto, precisamos com urgência mudar nossa maneira de lidar com a opinião alheia.

É uma linha tênue: sempre vamos desejar que o outro nos aprove, mas é incrivelmente difícil, e eu diria até perigoso, depender sempre do olhar do outro e colocar a aprovação alheia como imperativo para nossa existência. Nos próximos capítulos, vou contar como, nos últimos anos, tentei construir uma rede de sustentação na minha mente para viver em paz com a necessidade de afeto e aprovação e com o medo da rejeição e do desamparo.

Nesse processo, descobri que, quando deixamos de ter vergonha de quem somos, quando passamos, de fato, a sentir que temos valor e que somos úteis, conquistamos a liberdade de aceitar que às vezes os outros vão nos desaprovar, rejeitar ou ignorar – e tudo bem! Pode parecer contraditório, mas é a natureza das relações humanas. Jamais seremos totalmente aprovadas, amadas e aceitas. Assim como não amamos e aprovamos todas as pessoas. Até aqueles que mais amamos são imperfeitos e fazem coisas que desaprovamos, certo? Então por que achamos que nossas atitudes devem ser sempre corretas e perfeitas e que todos são obrigados a nos amar e nos aprovar o tempo todo?

Permita-me dar um exemplo dessa relação contraditória: quando comecei a escrever este livro, tive que lidar com uma sensação que reverberava dentro de mim como rejeição. Durante a pesquisa sobre os temas que vamos abordar aqui, entrevistei dezenas de profissionais que me disponibilizaram seu tempo e conhecimento, mas também recebi muitos nãos. Tentei entrevistar algumas profissionais renomadas em suas áreas de atuação que não aceitaram meu convite. A resposta foi curta e direta: "Infelizmente não poderei te ajudar."

Sempre tive muita dificuldade de lidar com a frustração, e ouvir um "não" seco, sem meias palavras, é muito duro, mas precisei aprender que é absolutamente normal. Aliás, percebi que pessoas que se conhecem bem não têm dificuldades em impor limites e dizer "não" para tudo que não querem fazer. Entretanto, cada vez que eu recebia um "não" como resposta, sentia uma mistura de vergonha e raiva. A vergonha vinha da voz que vive na minha cabeça e que grita que eu não sou boa o suficiente. A raiva vinha do meu ego machucado, que não suporta a ideia de que nem todas as profissionais que admiro querem me conceder uma entrevista.

Veja bem como isso é contraditório. Na mesma situação temos, de um lado, a vergonha por não ser boa o bastante (e por isso receber um "não"), e, de outro, a arrogância de achar que sou tão boa que todas deveriam querer me ajudar.

Percebe como não sou nem anjinho nem vítima? Sou, ao mesmo tempo, envergonhada das minhas incapacidades e arrogante/narcisista a ponto de pensar que ninguém pode me negar algo. Descobrir o meu lado bruto foi doloroso e liberador. Foi assim, me dando conta da minha necessidade de afeto/aprovação e da minha arrogância/narcisismo de querer todo o afeto do mundo para mim, que pude me abrir para uma vida com menos vergonha.

Há quatro anos venho estudando os motivos que levam as pessoas a adoecerem por vergonha de sua imagem corporal. Como vivi essa dor por mais de 20 anos, vou usar a relação doentia com o corpo como exemplo para essa questão.

Nesse quadro, o desejo de ser suficiente/amada/aceita/reconhecida fica resumido a uma forma corporal idealizada. Por causa de alguma (ou várias) situação que viveu, a pessoa *não existe sem aquele corpo sonhado, desejado, idealizado.* A insatisfação moral com o próprio eu – ou seja, a vergonha de ser quem é – é toda depositada no corpo, e a pessoa não percebe que faz isso. É como se ela vivesse em um recipiente vazio, como se não habitasse o próprio corpo.

Mas o que acontece com essa pessoa que não vive mais dentro do próprio corpo? Ela experimenta um sofrimento que não sabe nomear e, numa tentativa de acabar com essa dor, passa a atacar o corpo de todas as formas possíveis. Nesse contexto, podem surgir transtornos alimentares e de imagem, ansiedade e depressão.

A insatisfação moral com o próprio eu e a crença de ser sempre insuficiente levam a um sofrimento extremo em relação ao corpo. O corpo se torna uma tela, um molde, uma foto, um depositário de sofrimento, uma via para expressar as dores que a pessoa não sabe identificar. E, quando não sabemos nomear o que sentimos, materializamos a dor no corpo e a projetamos na comida, nas drogas, no álcool, nas compras, nos jogos ou em outros tipos de obsessão e compulsão.

Vivemos uma busca eterna por algo que nunca chega. A vida idealizada nunca chega. A felicidade idealizada nunca chega. O corpo idealizado nunca chega. O dinheiro idealizado nunca chega. Estamos sempre angustiadas deixando a nossa vida passar. E, como estamos constantemente nesse estado, sentimos o nó que temos no peito cada vez mais apertado.

---

Vivemos uma busca eterna por algo que nunca chega. A vida idealizada nunca chega. A felicidade idealizada nunca chega. O corpo idealizado nunca chega. O dinheiro idealizado nunca chega. Estamos perpetuamente angustiadas deixando a nossa vida passar.

---

Preste atenção no seu corpo neste momento. Acredito que você esteja sempre tensa, como se precisasse se proteger de um caminhão vindo na sua direção a 120 quilômetros por hora. Imagine se você pudesse suavizar a tensão dos ombros e das costas. Abra e feche a boca suavemente, movimente a língua ao redor dos dentes e veja se consegue relaxar o maxilar. Respire fundo e me diga: do que você sente tanto medo? Do que tanto se envergonha? Será que isso é seu mesmo ou veio de fora? Você está vivendo angustiada e com sentimentos que não sabe explicar de onde vêm?

Lembre-se: no começo deste livro eu prometi muitas perguntas. Essas são só as primeiras...

## Segundo ponto fundamental: Sentimos vergonha de algo que nosso corpo viveu

Eu nunca estive tão próxima dos sentimentos das pessoas como nesses últimos quatro anos. Meu trabalho me proporciona a incrível experiência de entrar em contato com a condição humana. As pessoas me contam muitos segredos. Acho que, como revelei minha dor mais profunda e me abri completamente no primeiro livro, muita gente encontra no meu sofrimento uma porta aberta para falar de suas dores mais escondidas, que não se sente confortável para contar a ninguém. O que vou contar agora são histórias reais de pessoas como eu e você. São trechos de e-mails que recebi. Editei os relatos, mudei nomes e algumas características para que ninguém tivesse a identidade revelada. Escolhi histórias que representam enredos que se repetiram muitas vezes.

Ler sobre as dores das pessoas me fez descobrir muita coisa que eu sentia. Eu não imaginava que havia tanto sofrimento em coisas aparentemente pequenas, não sabia que uma pessoa é capaz de sofrer uma vida inteira por uma única frase que lhe foi dita ou por um único ato do qual se envergonha profundamente.

Em meus estudos e pesquisas, descobri que a vergonha relacionada à imagem corporal é quase unanimidade entre as mulheres e muito presente nas inquietações dos homens. E que a vergonha da forma do corpo é, na verdade, vergonha de algo que aquele corpo viveu ou desejou.

Vamos pensar primeiro sobre a vergonha de algo que o corpo viveu.

O corpo é depositário de um sofrimento maior. A vergonha nunca se origina, de fato, no corpo, que pode ser gordo ou magro, alto ou baixo, não importa. O sentimento de vergonha do corpo costuma ser relatado desta forma: "Tenho vergonha do meu corpo porque sou gorda e por isso odeio meu corpo" ou "Sou magra demais, me acho feia e odeio meu corpo".

---

A vergonha nunca se origina, de fato, no corpo, que pode ser gordo ou magro, alto ou baixo, não importa.

---

Veja o que as mulheres me contaram:

"Eu tenho vergonha do meu corpo e me sinto feia e gorda (mesmo as pessoas falando o contrário). Nas poucas vezes que saio de casa, tenho crises de ansiedade, porque chego no lugar e começo a achar que todos estão olhando para mim e comentando quanto eu estou gorda."

"Ouvi diversas vezes que para ser mulher tem que ter seios grandes, ou no mínimo médios. Que 'mulher de verdade tem que ter onde pegar', que 'quem gosta de osso é cachorro' e que seria difícil arranjar um namorado magra como sou. Cheguei a chorar muitas vezes e a ter vergonha de sair de casa. Hoje em dia ainda é difícil colocar um biquíni. Eu já odiei meu corpo e me culpei muito, muito por isso."

"Sou muito magra, muito mesmo, peso 41 quilos e tenho 1,58 metro. Sou assim desde sempre, e mesmo depois de ter filho não consegui engordar. Eu já sofri demais quando era mais nova, a ponto de entrar em depressão e de pensar em tirar minha vida. Todos sempre acham que sou doente somente por não seguir um padrão e não pensam antes de fazer comentários. É difícil. As pessoas são muito maldosas, os comentários me afetam demais, não sei reagir e acabo ficando muito triste."

"Eu me sinto muito gorda e não saio mais, não vou à praia há anos, não fico de biquíni na frente de ninguém, não uso saia nem blusas decotadas nas costas."

"Já perdi a conta das vezes em que me visto para ir a um evento e deixo de ir por não gostar do que vejo no espelho. Não consigo ficar nua na frente do meu namorado, e quando ele me toca eu só penso nas minhas imperfeições e penso que ele deixará de gostar de mim. Há mais de 10 anos eu não tiro a saída de praia e mergulho no mar."

"É assim que me sinto: prisioneira. E tenho a certeza de que essa prisão é perpétua. Eu sinto cada dobra do meu corpo e a sensação é que são grandes placas de gordura. Olho minhas coxas, meus braços, minha barriga e choro. Eu quero ser magra e, principalmente, me sentir magra. Estou cansada e triste. É uma tristeza profunda, uma cicatriz que não sara."

Em todos os depoimentos, o sofrimento manifesto é a vergonha da forma física do corpo, considerado inadequado, mas o conteúdo latente, oculto, desse sofrimento muitas vezes não é identificado. Para cada um a razão do sofrimento tem uma causa/origem diferente, mas quase sempre vem da necessidade de afeto/proteção/pertencimento, que por algum motivo a pessoa aprendeu que só será possível se ela tiver determinada aparência.

Uma jovem de 18 anos escreveu:

"Sou um fracasso. Não passei no vestibular, não sou uma boa namorada, não sou uma boa filha. Estou engordando. Preciso me castigar. Descobri as giletes. Comecei cortando a sola dos pés, depois foram as pernas, os pulsos, os braços. Qualquer coisa que pudesse me machucar. Como posso ser tão burra, tão estúpida, tão idiota! Tomei muitos remédios, cheguei a tomar 20 comprimidos de uma vez. Preciso morrer, preciso ir embora... Se eu sobrevivi? Estou aqui contando a história, não? É muito difícil olhar no espelho e não me ver bonita, ver a beleza em todo o resto, menos em mim, tentar ser boa em algo onde existem muitos melhores."

Uma mulher de 25 anos contou:

"As pessoas acham que só quem é gordo pode sofrer com o corpo, que por eu ser magra tenho que agradecer a Deus. Eu ODEIO ser assim, ODEIO não ter seios que encham os decotes, odeio não ter pernas grossas e curvas. Não consigo manter nenhum relacionamento por muito tempo, não consigo acreditar que nenhum namorado realmente me acha bonita, que sente atração por mim, que me ama como sou. Passam mil coisas pela minha cabeça, sinto que ele está comigo por pena, por comodidade, que em breve irá terminar o namoro, e então eu mesma acabo terminando, porque não consigo ser feliz. Tenho vergonha de ficar nua, tenho vergonha de mim. Tenho vergonha do que a outra pessoa irá achar de mim e não consigo acreditar em uma palavra que é dita."

O primeiro relato nos mostra que a dor insuportável é a de se sentir um fracasso, e a forma de expressar a dor é machucando o corpo. No segundo, fica claro que a dor insuportável é o medo e a vergonha do que as outras pessoas vão pensar. Nos dois casos, temos os sentimentos de inadequação, de insuficiência, a necessidade de ser amada e aceita. Perceba que a primeira mulher se sente má filha e má namorada, e a segunda sente que não merece o amor dos homens, que a elogiam e ela não acredita.

Em muitos relatos que recebo, as pessoas descrevem uma perturbadora oscilação entre o medo e o ódio de serem rejeitadas e abandonadas. Então, para se proteger desses sentimentos, não levam adiante os relacionamentos ou machucam o próprio corpo. Criam uma casca de ódio e medo, transferem esse ódio para o corpo e o medo para os relacionamentos, e assim a vida fica irrealizável.

Construímos em nossa mente uma ideia do que os outros pensam de nós, e isso nos faz sofrer terrivelmente. Acontece que não conhecemos nem temos controle sobre os pensamentos dos outros. Às vezes, a crença de que o outro a acha má/inadequada/burra/feia (ou seja lá o que você acha que os outros pensam a seu respeito) nasce de uma simples frase que você ouviu em algum momento. Então você torna essa sentença verdadeira e essa crença se torna um fardo para a vida inteira.

Uma mulher escreveu:

"Eu tinha muita vergonha de mim mesma. Cresci à base de arroz e salsicha, não tínhamos fartura, mas eu estava sempre raspando os restos das panelas. Sempre ouvindo de tios e primos em festas: 'Não quer? Dá pra Ana que ela come.'"

Outra mulher, de 36 anos, me contou:

"Lembro de ir ao primeiro endocrinologista e de ouvir pela primeira vez do meu pai que eu era gorda aos 10 anos. Eu era feliz, não tinha nenhuma necessidade de emagrecer. Meus pais vigiavam as minhas pesagens, faziam cara de desapontamento quando eu engordava ou quando não perdia peso. A impressão era que eu jamais seria suficiente."

A ideia de que a forma do corpo traz amor, aceitação, sucesso e suficiência é muito forte em nossas famílias e na sociedade. Assim como falamos na seção anterior, aprendemos a ser assim e muitas vezes não sabemos pensar de outra maneira. Não temos dentro de nós a possibilidade de elaborar essa crença que foi construída. Assim, passamos a odiar nosso corpo porque ele é a materialização de algum trauma ou alguma experiência dolorosa que vivemos.

É muito importante entender que não dá para separar o corpo da mente. Na mente estão os pensamentos, mas é no corpo que se manifestam as sensações físicas: o coração acelera, a boca fica seca, o rosto enrubesce, o peito aperta, as mãos suam, os músculos se tensionam. O que nosso corpo sente fica registrado, mesmo que a mente consciente não queira registrar. Tudo que você viveu, sentiu, tocou, escutou e viu, desde que nasceu (alguns acreditam que desde que você estava na barriga da sua mãe, e eu também acredito nisso), está de alguma forma registrado em você, consciente ou inconscientemente – inclusive os fatos que, para se proteger, você tentou esquecer ou apagar. Com certeza, muita coisa que você tentou deletar da sua vida ainda está reverberando aí dentro.

---

O que nosso corpo sente fica registrado, mesmo que a mente consciente não queira registrar.

---

Pessoas que sofreram abusos sexuais ou passaram por algum episódio traumático de violência também podem transferir o ódio em relação ao fato ocorrido para o corpo. O corpo que sofreu o trauma vira motivo de vergonha, medo e ódio, como se a culpa pelo sofrimento fosse da vítima. E essa culpa fica depositada no corpo físico que viveu o trauma. Muitas mulheres se sentem sujas e impuras por terem sofrido violência sexual. Ninguém deveria sentir-se assim por ter vivido uma violação, mas nossa cultura nos ensina a sentir vergonha de tudo que envolve a sexualidade, até mesmo quando somos a vítima. Em muitos casos, a pessoa nem tem consciência de que vive isso.

Existem algumas sensações que buscamos a vida inteira; uma delas é a sensação de segurança e proteção. Quando passamos por alguma situação traumática em que nossa segurança é violada, a dor que se instala é dilacerante. Uma mulher me contou que sempre teve ódio e vergonha do seu corpo, mas não sabia qual era a origem desse sentimento. Depois de muitos anos de terapia, ela tocou em uma antiga ferida que estava sufocada no local mais profundo em que ela conseguiu esconder.

Ela me escreveu:

"Sempre senti vergonha do meu corpo, mas o que realmente causou tudo isso foi um abuso sexual que sofri na infância. Ainda estou fazendo tratamento para aceitar e curar esse grande trauma e percebi que esse assunto ainda é tratado como tabu. Pouco se fala sobre isso. No meu caso, o abuso foi cometido por alguém da família, que justamente deveria ser meu porto seguro."

Outras mulheres me contaram:

"Fui abusada sexualmente, perdi minha virgindade e me senti suja, impura."

"Carrego comigo a culpa de ser gorda e a culpa por ter sido abusada. Estou sozinha, não quero sair de casa, não quero que ninguém me veja, não quero que as pessoas vejam o monstro que eu sou!"

"Passei 15 anos guardando isso dentro de mim: a vergonha... o nojo. Não sabia por que sentia isso. Não queria sentir isso. Não queria ser assim... E o pior é: como procurar tratamento para algo de que você não quer falar?"

Note as frases: "Não queria sentir isso"; "Não sabia por que sentia isso". A maioria das pessoas não sabe por que sente vergonha do corpo, não conhece o motivo real que faz a forma do corpo ser razão de vergonha, ódio ou rejeição. O número de e-mails que recebi com relatos de violência sexual é impressionante. E mais impressionante ainda é constatar que poucas mulheres sabem que a repulsa ao próprio corpo pode ter origem em algum trauma dessa natureza.

Muitas vezes, de forma inconsciente, usamos o nosso corpo para evitar situações dolorosas, como forma de proteção. Em *Fome – Uma autobiografia do (meu) corpo*, a escritora americana Roxane Gay conta como usou a comida e a gordura para se sentir segura depois de sofrer abuso sexual na adolescência. Ela chegou a pesar 262 quilos. No emocionante livro, Roxane escreveu:

> Meu corpo foi quebrado. Eu fui quebrada. Eu não sabia como me recompor. Fiquei estilhaçada. Uma parte de mim morreu. Uma parte de mim emudeceu e permaneceu assim por muitos anos. Eu fui esvaziada. Fiquei determinada a preencher esse vazio, e a comida foi o que usei para construir um escudo ao redor do pouco que restara de mim. Eu comia, comia e comia, na esperança de que, se me tornasse grande, meu corpo estaria seguro. (...) A gordura criou um corpo novo, um corpo que me envergonhava, mas que fazia com que eu me sentisse segura e, mais que qualquer coisa, eu precisava desesperadamente me sentir segura. Eu precisava me sentir como uma fortaleza, impenetrável. Eu não queria que nada ou ninguém me tocasse.[6]

É incrível como desenvolvemos mecanismos de defesa. Muitas mulheres me escreveram relatando situações parecidas. Também existem casos gravíssimos de anorexia em que a mulher simplesmente para de comer para se sentir segura. Em sua fantasia, nenhum homem vai querer tocar em um corpo extremamente emagrecido, e daí vem a sensação de segurança.

## Terceiro ponto fundamental: Sentimos vergonha de algo que desejamos

Outro fato que me chama a atenção é a vergonha do desejo sexual e o sofrimento que criamos para reprimir esse impulso sentido como "proibido". O sofrimento criado é: o corpo que sente desejo merece ser motivo de vergonha e culpa, ou o corpo que vive o deleite de ter prazer sexual merece ser punido com vergonha, culpa, ódio, rejeição ou até agressões.

Isso acontece porque, como mencionei no início deste capítulo, aprendemos com nossa família e nosso meio sociocultural o que é considerado "certo" ou "errado". E muitas pessoas aprendem que o prazer/desejo sexual é algo pecaminoso, proibido ou sujo. Dessa forma, na impossibilidade de manifestar ou realizar um desejo, a pessoa adoece. Esses desejos reprimidos, considerados impuros ou indecentes, acabam se convertendo em ódio/vergonha do corpo.

Veja o relato que recebi de uma mulher de 36 anos:

"Eu tinha o corpo típico de mulher 'gostosa': bunda redonda, quadris largos, seios grandes e cintura fina. Aos 12 anos os homens já me olhavam com desejo. Aos 14, 15, comecei a gostar daquele jogo de sedução, mas, como era de uma família muito conservadora, não podia namorar nem ter relação sexual. Meus pais diziam que eu seria 'puta', que mulher 'decente' só tem um homem na vida. Acabei desenvolvendo uma anorexia nervosa grave e, por mais de 20 anos, não entendi o porquê. Hoje, depois de anos de tratamento médico e terapia, descobri que a anorexia foi uma forma de me 'proteger' do meu desejo. Aprisionada num corpo que eu passei a odiar, do qual me envergonhava e que eu tentava deixar cada vez mais magro, me afastei dos homens e do meu próprio desejo."

Observe como nesse caso a vergonha não era do corpo em si, e sim dos desejos que ele guardava. Era vergonha de gostar dos olhares dos homens, de ter prazer com o jogo de sedução. Somos muito mais complexas do que pensamos! Sentimos medo e culpa de desejar, de gostar de algo "proibido", e também de desejar ser objeto de desejo. Ao mesmo tempo, temos medo de ser impuras e indignas, e muitas vezes manifestamos esses medos tratando a nós mesmas com ódio e rejeição. São tantas oscilações de sentimentos, impulsos e repressões que nos sentimos dentro de um liquidificador!

Quantas vezes você já se sentiu assim? Isso é mais normal do que a gente pensa. Para lidar com um sofrimento, seja ele qual for, é preciso primeiro perder a vergonha de senti-lo e, ao invés disso, aceitá-lo, dar-lhe acolhimento incondicional no lugar de querer fazê-lo desaparecer. Ele já está aqui, não vai sumir sozinho. Suas feridas mais profundas precisam ser reconhecidas, aceitas, tiradas das sombras, para que assim você possa suavizá-las.

---

Para lidar com um sofrimento, seja ele qual for, é preciso primeiro perder a vergonha de senti-lo e, ao invés disso, aceitá-lo, dar-lhe acolhimento incondicional no lugar de querer fazê-lo desaparecer.

---

Talvez você jamais compreenda o porquê de determinadas situações, culpas e vergonhas, jamais entenda por que certas pessoas a machucaram tanto, ou por que algumas coisas aconteceram da forma como aconteceram. Você pode pensar: "Não escolhi passar por essa experiência horrível." É verdade, não escolheu. Você pode pensar: "Eu nunca vou conseguir esquecer." É verdade, talvez você nunca esqueça coisas que não gostaria de ter vivido, e não pode fazer nada para mudar o que passou. Mas você pode tentar repensar, compreender de outra forma tudo que aconteceu. Pode tentar mudar o que acontecerá daqui para a frente.

Não é fácil, eu sei. *Saber* e *sentir* são coisas totalmente diferentes. Acredito que iludir as pessoas com uma solução fácil para a dor é um dos piores tipos de desonestidade. A mente não faz revoluções. Só mudamos de forma lenta e gradual. Alterar nossos padrões de pensamento e o jeito que aprendemos a sentir a vida é *muito* difícil. Mas a gente consegue começar a mudar quando admite, com curiosidade e sem julgamento, a possibilidade de repensar sobre o que traz sofrimento.

Não são as certezas que você construiu até hoje que vão aliviar as suas dores, e sim as próximas perguntas e reflexões que fizer a si mesma.

Aprendi nos meus cursos de meditação que um ponto central em qualquer vício é a sensação de não poder suportar a vida que se tem. Percebi que eu era viciada em sentir vergonha de mim.

E você? Será que também é viciada em sentir vergonha de si mesma? Por quê?

O que você não pode suportar na vida que tem?

Na próxima seção vamos entender um lado da vergonha que não gostamos de admitir. São sentimentos que trouxeram enorme sofrimento para a minha vida.

## Quarto ponto fundamental: Sentimos vergonha daquilo que julgamos e invejamos nos outros

Nem sempre nos damos conta, mas existem diferenças entre os sentimentos que nos colocam para baixo através do olhar do outro e os sentimentos que nos fazem querer colocar os outros para baixo para nos sentirmos melhor.

Quando somos tomados por vergonha, culpa, fracasso ou insuficiência, sentimos isso porque depositamos no outro o nosso valor. Esperamos que o outro nos diga que somos suficientes, adequadas, capazes, inteligentes, bonitas... Assim, é o olhar do outro que determina o valor que temos.

Mas também temos sentimentos que nos fazem querer colocar *os outros* para baixo para aliviar as nossas dores: inveja, raiva, ciúme, a necessidade de humilhá-los e julgá-los.

Primeiro, calma! Provavelmente você nunca percebeu que age assim e, a partir de agora, terá a oportunidade de perceber cada vez que estiver invejando, comparando, desprezando ou julgando alguém. Segundo: você não está sozinha. Como já falamos no primeiro capítulo, todo mundo julga e sente inveja em algum grau. Não falamos sobre isso e não admitimos que somos assim porque esse não é um comportamento socialmente aceito. Costumamos mentir para nós mesmas e para os outros, afirmando que somos pessoas boas, sem preconceitos, sem julgamentos e sem inveja.

Aqui não precisamos mentir, ok? Este livro é um lugar seguro para conversarmos sobre esses dolorosos sentimentos que tentamos esconder. Convido você a olhar para eles com abertura e autocompaixão. Uma das citações mais transformadoras que já li é esta de Thupten Jinpa:

> Os tibetanos definem os problemas da autoestima perfeccionista com um ditado memorável: "Inveja de quem está acima, competição com quem é igual e desprezo por quem está embaixo." Essas três coisas, dizem eles, estão na raiz de toda insatisfação e infelicidade.[7]

Quando li isso pela primeira vez, comecei a chorar e senti um aperto no peito que jamais vou esquecer. Eu me dei conta de que vivia, desde criança, em uma eterna e voraz competição. Quando vivemos dessa forma, com "inveja de quem está acima, competição com quem é igual e desprezo por quem está embaixo", estamos sempre em guerra com os outros, e isso gera infelicidade, sentimentos de insuficiência, autojulgamento e autorrecriminação. Viver com inveja, comparação e desprezo é a receita perfeita para a desconexão com os outros e com as dores e os problemas alheios. Lembre-se: a vergonha e o sentimento de inadequação aparecem quando nos sentimos sozinhas, isoladas, quando não temos com quem conversar sobre isso. Sim, precisamos conversar sobre nossa vergonha e nossa inveja para entender que não estamos sós.

> Viver com inveja, comparação e desprezo é a receita perfeita para a desconexão com os outros e com as dores e os problemas alheios.

Em julho de 2019 fiz uma pesquisa pelo meu Instagram. Pedi às pessoas que me escrevessem contando do que sentiam inveja e o que julgavam nos outros. Garanti que seus nomes não seriam revelados, por isso elas se sentiram totalmente à vontade para contar tudo. Acredito que, se não fosse pela possibilidade de anonimato, eu jamais receberia tantas mensagens. Sentimos muita vergonha de expor a nossa inveja.

Veja algumas das respostas que recebi:

"Eu invejo tanto minhas amigas bem-sucedidas, aquelas que já casaram, têm filhos, carro, casa e um bom emprego... Na verdade, de modo geral, eu sinto inveja dessas coisas e me julgo por ter mais de 30 anos e ainda não ter um relacionamento legal e ser bem-sucedida profissionalmente. Isso me frustra muito."

"Sinto inveja de pessoas que têm dinheiro e conseguem realizar seus sonhos, viajar, comprar o que têm vontade, sair sem precisar fazer conta para ver quanto podem gastar. Minha condição financeira nunca foi muito boa. Trabalho desde os 16 anos, tive que ralar muito e sempre tive inveja dos meus amigos que não precisavam trabalhar, que ganhavam tudo dos pais, que viajavam em todas as férias. Em conjunto, vem o sentimento de que essas pessoas não têm problemas graves nem motivo de reclamar."

"Sinto inveja de quem come sem engordar. Quando vejo pessoas magras, imediatamente assumo que a vida delas é mais fácil que a minha."

"Julgo muito as mulheres que fazem dietas loucas tipo *low carb*, paleo, jejuns, porque vejo como estão sendo alienadas e manipuladas pela indústria alimentícia e pela cultura da dieta, mas ao mesmo tempo invejo aquelas que conseguem se manter numa dieta e perder peso."

"Tenho inveja de quem come e não engorda, de quem come sem culpa de estar ingerindo um alimento muito calórico. Fico pensando nisso porque queria voltar a ter prazer na comida como tinha antes, quando meu corpo era diferente e não engordava com tanta facilidade."

"Julgo quem acha ruim ser magra. Sei que muitas pessoas sofrem e são atacadas por serem magras; eu mesma já fui atacada por ser 'magra demais', mas às vezes penso que preferia sofrer por minha magreza a ter essa relação que tenho com a comida, de culpa constante."

"Atualmente sinto inveja das pessoas que estão se dando bem na profissão, que têm o emprego que eu sonho, mas que ainda não tive a oportunidade de conseguir. Só queria uma chance de fazer o que me realiza. Ver as pessoas que estão conseguindo me dá muita inveja."

"Minha maior inveja é das pessoas que conseguem fazer um curso superior. Sofro muito com isto."

"Eu invejo as pessoas que parecem estar sempre se divertindo na companhia de muitos amigos e de uma família grande (e isso tem a ver com o que vejo delas em redes sociais). Invejo aqueles que, quando fazem um aniversário em algum bar ou balada, recebem dezenas de amigos. Acho que sinto essa inveja porque sou mais fechada, gosto de poucos amigos e tenho família pequena, e tenho medo de ser julgada como inferior por isso."

"Invejo pessoas leves, pessoas magras, pessoas descontraídas, invejo pessoas que se sentem bem no seu próprio corpo."

"Tenho inveja de mulheres que têm o corpo dentro dos padrões estéticos atuais. Porque eu amo ir à praia e à piscina e sofro com medo de mostrar meu corpo (que está bem longe de ser feio, mas tem 'defeitos', como barriga e celulite). Tenho inveja das mulheres com aparência assim porque acho que elas têm mais chances de ter um parceiro legal, que as trate bem."

"Eu julgo as pessoas que vivem de aparência, sempre mostrando que têm facilidade pra tudo na vida... Trabalham pouco (ou não trabalham), são bonitas, vivem um relacionamento de princesa, têm uma rotina agitada e infinitamente feliz."

"Eu julgo quem se acha superior porque é mais bonito, mais rico, mais magro, mais influente."

"Eu julgo quem trai. Eu fui traída no meu casamento e, depois da separação, acabei me relacionando com um homem casado, mesmo sabendo do estado civil dele. Eu não consigo aceitar pessoas que têm relacionamento extraconjugal e ao mesmo tempo sou muito julgada por mim mesma."

Você se identificou com alguma dessas situações? Ou talvez várias...? Viu como somos parecidas naquilo que desejamos, e exatamente por isso julgamos, depreciamos e invejamos os outros?

Existe o que chamamos de "desejos manifestos" e existem os "desejos latentes". Os nossos desejos manifestos são aqueles que não temos problema em tornar públicos e que identificamos com clareza. Por exemplo: ter um emprego melhor, fazer uma faculdade. Os latentes são os nossos desejos ocultos, aqueles que temos vergonha de revelar e que podem estar escondidos até de nós. Por exemplo: fantasias sexuais, desejar que um colega de trabalho seja demitido para ocupar o lugar dele. São desejos que podemos considerar indecentes, proibidos, sujos, impublicáveis, mas que não conseguimos parar de ter.

Quando julgamos algo nos outros como errado, inapropriado, pecaminoso ou indecente, sentimos uma espécie de vergonha alheia, como se estivéssemos sentindo vergonha pelo outro. Mas pense comigo: como você sabe o que o outro está sentindo? Na verdade, só sabemos o que *nós* estamos sentindo, por isso o nosso julgamento só fala de nós mesmas, por mais que a gente não entenda ou não queira aceitar isso.

A vergonha é uma manifestação de desconforto diante de uma atitude ou de algo que consideramos errado, indecente ou indigno. É o medo de sentir-se ridícula perante as pessoas. Por isso, quando você considera uma pessoa ridícula, indecente ou indigna, você o faz com base em suas próprias crenças e em seus valores, e isso fala muito mais sobre você do que sobre a pessoa que você está julgando. Portanto, ao examinar cuidadosamente o que consideramos indecente, ridículo ou indigno nos outros, poderemos encontrar respostas sobre as vergonhas que sentimos e sobre nossos desejos latentes.

Mas fazemos tudo isso sem perceber. É um processo completamente inconsciente.

O que julgamos no outro revela uma dor que passa o dia escondida, maquiada, e que às vezes nem sabemos nomear. São culpas, temores, fracassos que refletem como nos sentimos. A psicanalista Helena Cunha Di Ciero Mourão explica que projetamos e julgamos o tempo inteiro. É uma forma de jogar para fora de nós aquilo que somos, de atribuir ao outro algo que nos pertence e que dói demais:

Projetamos e julgamos pois não aguentamos ver em nós mesmos o que é doloroso, e assim expulsamos essa sensação. Mas por que fazemos isso? Para aliviar, respirar, afastar sensações incômodas, comunicar algo do nível inconsciente – acima de tudo.[8]

Quem faz isso é a voz que temos dentro de nós, que se importa com nosso status e com o que os outros pensam, e que deseja ser melhor que os outros – a mais correta, a mais digna, a mais pura, estar o tempo todo com a razão. É a voz interior que vive nos dizendo para comparar, provar, agradar, aperfeiçoar, superar o desempenho alheio e competir. Essa voz tem pouquíssima tolerância ao incômodo, ao fracasso e à autorreflexão. É o nosso medo da inadequação, um medo baseado na vergonha de ser comum. É a voz que nos diz que devemos ser especiais, incríveis e diferentes. E, para tentar fugir da sensação de inadequação/fracasso/vergonha/culpa/insegurança/vazio/desamparo, procuramos defeitos nos outros.

Uma arma muito potente para combater a perpétua sensação de insuficiência é compartilhar nossas experiências – o que chamamos de humanidade compartilhada (falaremos sobre esse tema mais adiante). Ao ler os depoimentos das pessoas sobre suas invejas e seus julgamentos, você passou a se sentir menos sozinha, não é? Você criou imediatamente uma conexão com pessoas que nem conhece, mas que passaram a ser parte de você, porque sentem as mesmas coisas. Por isso decidi incluir neste livro os sentimentos de outras pessoas, e não apenas os meus. Assim você se sente parte de uma humanidade compartilhada e pode perceber que não é má ou errada por sentir o que sente; você é humana, e, como humanas que somos, precisamos aprender a lidar com o que sentimos.

Vou reforçar aqui que é claro que não podemos deixar a inveja, o ódio, o ressentimento, a cobiça ou a raiva controlarem a nossa vida. O caminho para viver melhor é aceitar que esses sentimentos existem dentro de nós. Reconhecendo isso, podemos começar a aceitar, acolher e aprender o que eles têm a nos ensinar, para assim conseguir suavizá-los e deixá-los ir embora.

No próximo capítulo vamos conversar sobre a sensação de insuficiência, que também sentimos como fracasso, falta, vazio.

Será mesmo que você é uma pessoa insuficiente e fracassada? De onde vem isso?

Não sei viver o desprazer

Não quero viver a dor

Não sei ter espaços vazios

Quero estar completa

Necessito da felicidade absoluta

Do prazer absoluto, em cada fração
de segundo

Não suporto a falta

Preciso estar cheia

Mas cheia de quê?

## CAPÍTULO 3

# A PERPÉTUA SENSAÇÃO
# DE INSUFICIÊNCIA

Os versos que você leu na página anterior saíram do meu coração em um dia triste. É complexo descrever a sensação de falta – ela se manifesta de um jeito diferente em cada pessoa. Eu sinto como uma angústia permanente, algo que sobe e desce, lentamente, da barriga até a altura do coração e forma aquele nó no peito, que vai ficando cada vez mais apertado.

Quando essa sensação aparece, faço coisas como ligar a TV e ver uma temporada inteira de uma série em um só dia, em uma tentativa de preencher a cabeça e não pensar em mais nada; ir ao shopping para ocupar o meu vazio comprando alguma coisa absolutamente desnecessária; comer sem ter fome; perder tempo nas redes sociais procurando sei lá o quê na vida dos outros para aplacar o meu vazio.

E você? Como a falta reverbera na sua vida? Como você lida com o vazio?

No dia em que escrevi aquelas palavras me dei conta de que nenhum dos meus sucessos importava: que meu primeiro livro tivesse se tornado um best-seller, que eu tivesse dado dezenas de palestras em todo o Brasil, que me chamassem para falar em universidades e congressos ao lado de profissionais reconhecidos internacionalmente; nada disso parecia ter qualquer importância. Tinha dias em que o fracasso me sufocava com uma força devastadora e eu só conseguia pensar naquilo que não fiz, em tudo que não fui, nos sonhos que nunca consegui realizar. Não importava quanto sucesso as pessoas pensassem que eu atingira, havia dias em que eu continuava me sentindo aquela menina de 8 anos desamparada, chorando na beira do palco e olhando com raiva e inveja para a guria que venceu o concurso.

Tive que admitir, e encarar, que criara para a minha vida um abismo de demandas irrealizáveis. O curioso é que, durante mais de 20 anos, eu não percebi isso e vivi prisioneira de algo que entendia simplesmente por "vergonha do meu corpo". Não sabia nomear de outra maneira, não tinha palavras para dar contorno ao sofrimento que sentia, e então eu o chamava de vergonha.

Hoje tenho o privilégio de saber que aquela sensação é algo muito mais vasto, complexo e profundo, é uma sensação de inadequação/fracasso/ vergonha/culpa/insegurança/vazio/desamparo, que chamo de *perpétua sensação de insuficiência*. Também me sinto privilegiada por tantas pessoas abrirem o coração para mim e me fazerem ver quanta gente sente a mesma coisa: a perpétua sensação de insuficiência está presente de alguma forma em todos os 3 mil depoimentos que li para escrever este livro e na fala das centenas de pessoas que me contam pessoalmente, com lágrimas nos olhos, como se sentem.

Veja algumas coisas que me disseram:

"A todo momento me sinto inferior aos outros, tanto com pessoas próximas quanto com pessoas que acabei de conhecer. Me sinto mal com a minha aparência, mas o pior é o fato de eu me achar idiota diante das pessoas, achar que o outro sempre é mais inteligente ou melhor que eu. Sempre acho que o que eu falo é banal."

"Cada vez que tento alguma coisa na minha vida e não dá certo, me vejo comendo mais e mais, e aí vem o sentimento de culpa, de fracasso, me sinto burra, feia, incompetente, inútil. Todos os sentimentos ruins que alguém pode ter por si mesmo, eu tenho. Eu choro, eu me xingo, me odeio, me desmereço."

"Eu me sinto um fracasso. Sei tudo sobre alimentação, mais do que muitos nutricionistas e até médicos. Sou mestre, sou doutora, falo quatro idiomas, sou feliz no meu trabalho, tenho três filhos lindos, um marido maravilhoso, mas vivo atormentada com o meu peso. A comida para mim é uma obsessão. Estou sempre pensando se posso ou não comer isso ou aquilo."

"Eu estudo muito, sou muito querida por todos, sou divertida e alegre, competente no meu ofício. Mas a palavra 'namorado' é algo surreal pra mim. Não consigo engatar um romance de um mês que seja. Meu medo e pânico de ser rejeitada têm me distanciado cada vez mais das pessoas, e sinto que não sou merecedora nem mesmo de ser abraçada, beijada e desejada por um homem. Estou exausta de me sentir assim."

A cada mensagem que lia, eu me perguntava: Será mesmo que somos todas inadequadas, burras, fracassadas, inseguras, indignas de amor? O que está acontecendo? Quando foi que deixamos de gostar de nós mesmas?

Perdemos a capacidade de gostar de nós mesmas quando passamos a viver de um jeito perigoso: baseado na comparação, na competição, na inveja, na desqualificação dos outros, idealizando uma vida plena/perfeita e não aceitando que erros, fracassos e vazios são partes inevitáveis da vida. Não suportamos a falta. Não toleramos o fato de não ser ou não ter tudo que desejamos. Você não gostaria de ser tudo, de ter tudo? Ter todo o amor, todo o reconhecimento, todo o carinho do mundo e um pouco mais? Como já vimos no primeiro capítulo, desejamos porque sempre falta algo, e falta algo porque sempre desejamos mais e mais. Nosso desejo nunca acaba, e o desejo primordial é a necessidade de amor e pertencimento.

> Perdemos a capacidade de gostar de nós mesmas
> quando passamos a viver de um jeito perigoso:
> baseado na comparação, na competição, na inveja,
> na desqualificação dos outros, idealizando uma
> vida plena/perfeita e não aceitando que erros,
> fracassos e vazios são partes inevitáveis da vida.

Sempre achei que a minha sensação de insuficiência vinha exclusivamente de nunca ter sido magra do jeito que eu entendia como "ideal". Mas depois de anos de análise pude entender que, na verdade, a "culpa" nunca foi do meu corpo, e sim de toda a frustração com a qual eu não soube lidar ao longo da minha vida. Eu depositava toda a raiva, inveja, ressentimento e fracasso na única matéria física que eu tinha para machucar: o meu corpo.

Adoeci em busca de pertencimento, aprovação, sucesso, reconhecimento, amor e felicidade. Não é curioso? Hoje sei que meu corpo foi o depositário de anos de dores que eu não sabia nomear e elaborar, principalmente da minha baixíssima tolerância à frustração.

## O silêncio

Às vezes a vida nos dá de presente algumas bênçãos. Ler o livro *A magia do silêncio*, da monja budista francesa Kankyo Tannier, foi uma bênção. Há alguns anos eu procurava entender por que me sentia assim, que vazio era aquele dentro de mim. Kankyo escreveu: "O abismo da falta não tem fundo", e completou: "Quando dominarmos a falta ou aprendermos a fazer isso progressivamente, nos libertaremos desse anseio irreprimível de saciá-la."[9]

Ao terminar o livro, percebi que somente eu poderia aliviar aquele nó que se formara no meu peito. Somente eu tinha a responsabilidade de encarar e elaborar aquele vazio que me corroía, de acalmar meu coração que vivia acelerado, angustiado. Somente eu tinha as ferramentas para aliviar aquela sensação de estar o tempo todo em uma montanha-russa.

Comecei a refletir sobre os aspectos da insaciável necessidade de estar preenchida que eu tanto buscava.

Por que não sei viver o desprazer?

Por que não sei conviver com a dor?

Por que não sei ter espaços vazios?

O que é estar completa?

Por que sinto a necessidade de ter prazer absoluto em cada fração de segundo?

Por que não suporto a falta?

Preciso estar cheia de quê?

A cada momento de angústia eu repetia essas perguntas. Nem sempre encontrava respostas, mas a possibilidade de pensar sobre tudo isso fez uma enorme diferença para acalmar as minhas inquietações. Eu tive a certeza de que precisava fazer algo diferente do que vinha fazendo para compreender o medo que sentia do vazio. Aprendi que não podemos mudar o que nos recusamos a confrontar. Eu precisava confrontar o meu vazio, assumir a responsabilidade pela minha infelicidade.

Em janeiro de 2019, estabeleci a meta de cuidar da minha saúde mental todos os dias: fazer pausas para respirar, diminuir a quantidade de estímulos usando menos celular, internet e redes sociais, ler mais livros e meditar. Consegui cumprir as primeiras metas, mas ainda tinha muita dificuldade com a meditação. Mesmo estudando e praticando há quase três anos, eu ainda não conseguia manter uma prática diária. Resolvi então procurar um retiro de meditação.

Vi uma publicação sobre um retiro de silêncio no site da escola de *mindfulness* onde eu já havia feito um curso. Seriam cinco dias de meditação, sem falar, sem ler, sem acesso à internet ou ao telefone celular. Cinco dias em uma casa afastada da cidade, sem TV no quarto, rádio, livros ou qualquer estímulo. Pensei: "Nem pensar! Não vou aguentar!"

Até então, eu não conseguia meditar mais do que 5 ou 10 minutos em casa, imagine ficar cinco dias em silêncio meditando! Deixei pra lá.

Mas algo dentro de mim não desistiu. No dia seguinte, sem saber direito o porquê, lá estava eu de novo no site da escola para ter mais informações. Aquela ideia não me saía da cabeça. Fiquei mais de uma semana pensando se deveria ou não fazer o retiro. Que medo era aquele que eu estava sentindo? Eu precisava parar de fugir do medo de ficar sozinha comigo, mas não tinha coragem.

Raramente somos estimuladas a chegar mais perto dos nossos medos ou a acolher e aceitar que o medo está aí e que podemos nos familiarizar com ele. Em geral, nos ensinam a fugir das nossas angústias, a tomar um comprimido ou algum outro tipo de anestésico para tentar esquecer aquilo que nos amedronta. Mas achei que era hora de parar de agir como uma menina medrosa e encarar o meu vazio, o meu silêncio e tudo que eu estava tão apavorada de sentir. Fiz a matrícula e, quatro dias depois de completar 37 anos, fui para o retiro.

Eu estava com tanto medo e tinha tanta certeza de que não ia aguentar aqueles cinco dias em silêncio que não fui de van com o grupo. Preferi ir no meu carro porque pensei: "Se eu ficar muito angustiada, posso ir embora a qualquer momento." Nesse pensamento existia a voz da incapacidade gritando na minha mente que eu não seria capaz, mas também a voz da Daiana impulsiva que não quer enfrentar seus medos, que tenta fugir de qualquer situação desconfortável.

No primeiro dia aconteceram as apresentações, os professores Vivian e Sussumo explicaram como tudo iria funcionar. Teríamos práticas meditativas sentadas, outras com movimentos corporais, meditação caminhando e algumas atividades ao ar livre. Eles nos tranquilizaram ao dizer que, caso alguém sentisse muita necessidade de falar, todos os dias haveria uma oportunidade, depois do jantar, para procurar os professores e conversar. Mas enfatizaram que aquele era um momento especial para tentarmos não falar e realmente nos conectarmos com nosso interior. E começou, enfim, o temido período de silêncio.

O primeiro dia foi curto, pois o retiro começou às 18h, e foi incrivelmente calmo. Eu nunca imaginei que ficar em silêncio por algumas horas me traria tanta paz. Jantamos em silêncio e, às 20h, cada um foi para seu quarto.

O quarto era simples e pequeno. Apenas uma cama de solteiro, uma mesinha com uma cadeira e um guarda-roupa. Tomei um banho, coloquei o pijama e deitei na cama. Olhei para o teto branco e pensei: "E agora? O que vou fazer aqui, sem celular, nem TV, nem um livro?" Eu nunca tinha vivido uma situação como aquela. Nada. Nada para fazer. Nada para falar. Apenas ser. Vazio. Silêncio. Eu estava pela primeira vez completamente sozinha com meus pensamentos. Era disso que tinha tanto medo. Resolvi deixar acontecer o que acontecesse.

Como não uso relógio e estava sem celular, não tinha como saber as horas. Desliguei a luz, fechei os olhos, comecei a respirar fundo e fiquei atenta aos pensamentos que surgiam, aos sons da noite, e, para minha surpresa, pouco tempo depois peguei no sono. Só acordei no dia seguinte com o sino que os professores tocavam para despertar todo o grupo às 6h.

Na manhã do segundo dia, algo intenso aconteceu.

Começamos com uma prática ao ar livre e em seguida tomamos o café da manhã. Logo depois, fomos para a sala de meditação e a professora explicou que faríamos uma meditação de uma hora em silêncio. Eu nunca tinha feito aquilo. Mesmo nos outros cursos que havia feito, nunca tive uma prática assim, em total silêncio; sempre tinha a voz do professor nos guiando em algum momento. Fiquei apavorada. Poderia escolher se preferia sentar no chão com uma almofada ou em uma cadeira. O desafio era arrumar uma posição confortável para ficar uma hora sem me mexer. Eu sabia que seria bem difícil e preferi a cadeira.

O sino tocou e a meditação começou. Estávamos sentados em um círculo e havia um relógio na parede. Tentei me acalmar e focar toda a atenção na minha respiração. Eu conseguia sentir e ouvir meu coração batendo acelerado. Sentia vontade de coçar a cabeça ou o joelho, pensamentos surgiam e eu sempre tentava trazer o foco da atenção para a respiração novamente. Mas algum tempo depois não aguentei e abri os olhos. Olhei para meus colegas e todos estavam de olhos fechados, serenos, como seres iluminados. E eu? Eu estava gritando por dentro! Tinha a impressão de que meu peito ia explodir de tanta angústia. Olhei para o relógio e só haviam se passado 10 minutos.

Fechei os olhos novamente e tentei me acalmar. Comecei a respirar fundo e a contar as respirações: inspira 1, 2, 3, 4, 5 e expira 1, 2, 3, 4, 5. Fiz isso várias vezes. Entre uma respiração e outra, a minha mente divagava por pensamentos idiotas, coisas a fazer, e então eu voltava a prestar atenção na respiração.

De repente, não sei quanto tempo depois, comecei a sentir muita vontade de chorar. Tentei me controlar respirando mais fundo, mas as lágrimas simplesmente brotavam dos meus olhos, escorriam pelo meu rosto, molhando as minhas bochechas.

Eu não sabia por que estava chorando. Não conseguia parar. Tentei ficar imóvel, focar na respiração, mas comecei a chorar muito e não aguentei. Levantei e tive que sair da sala. Chorei mais um pouco, fui até a janela, fiquei alguns instantes olhando para fora e tentando entender o que estava acontecendo. Olhei para um relógio no corredor e vi que tinham se passado quase 40 minutos. Fui ao banheiro, lavei o rosto, bebi água, me acalmei e decidi voltar para a sala de meditação.

Sentei novamente na minha cadeira, fechei os olhos, tentei focar na respiração mais uma vez e, alguns minutos depois, aquilo começou a fazer sentido. Eu estava chorando de medo, mas não um medo qualquer, e sim um medo muito abrangente. Medo da vida, da minha inquietação interior, da desaprovação dos outros, de me arriscar, de escrever este livro, de aceitar que não havia conquistado todos os meus sonhos, de admitir que sinto raiva, ódio, inveja, de dizer que me sinto fracassada às vezes.

Uma das sensações mais dolorosas para mim é achar que não sou a pessoa realizada, segura e profunda que um dia desejei ser. Quando eu era mais nova, acreditava que perto dos 40 anos eu me sentiria mais completa, saberia controlar todas as minhas emoções, não choraria mais na TPM, não deitaria no colo do meu marido em prantos. Eu achava que a minha sensação interna de carência, desamparo, falta, apreensão, insegurança e ansiedade iria sumir. Eu tinha a fantasia de que controlaria a minha vida em todos os aspectos, nos mínimos detalhes.

Depois daquela explosão de sentimentos, ficar em silêncio se tornou uma bênção.

Os três dias seguintes me trouxeram uma paz que eu nunca havia experimentado. A angústia foi se diluindo ao longo das meditações e a cada hora em silêncio eu apreciava mais e mais a minha própria companhia. Nos momentos em que estive sozinha naquele quarto eu descobri que não preciso mais ter medo dos meus pensamentos.

Na última noite fizemos uma prática ao ar livre, deitados em colchonetes no chão, olhando para o céu estrelado. Chorei novamente, dessa vez de alegria. Parecia que eu havia esperado a vida toda por aquele encontro: o encontro comigo mesma.

Naqueles cinco dias em silêncio comecei a desenvolver intimidade com meus medos, meus defeitos, meus dramas. Essa intimidade me fez perceber o número de tragédias imaginárias que vivi. Como eu criava sofrimentos! Entrava em pânico diante da mais leve percepção de medo em qualquer situação da vida. Aos 37 anos, aprendi que seria mais calma e mais feliz se conseguisse desenvolver, ampliar essa intimidade com meus pensamentos e minhas emoções. Veja: *intimidade*, não *controle*. Não se trata de evitar, fugir, ser dona ou senhora absoluta de pensamentos e emoções – eu não acredito nisso. Acredito em ter intimidade para reconhecer o que estamos sentindo. Intimidade e responsabilidade para reconhecer quando a nossa dor é genuína e precisamos de ajuda, e quando estamos criando dramas e sofrimentos desnecessários.

Também descobri que o vazio não é tão assustador quanto eu pensava. Sentir angústia, aquele algo que sobe e desce, lentamente, da barriga até a altura do coração, ou aquele nó no peito, é parte de ser humano. Não há como escrever a história da nossa vida sem sentir medo, angústia, raiva, ressentimento e todos os outros sentimentos que tentamos arduamente evitar.

Acredito em ter intimidade para reconhecer o que estamos sentindo. Intimidade e responsabilidade para reconhecer quando a nossa dor é genuína e precisamos de ajuda, e quando estamos criando dramas e sofrimentos desnecessários.

Como escreve a monja budista Pema Chödrön em seu livro *Quando tudo se desfaz*:

Mais cedo ou mais tarde compreendemos que, embora não possamos fazer com que o medo seja agradável, é ele que acabará por nos colocar diante de todos os ensinamentos que algum dia lemos ou ouvimos. Portanto, considere-se com sorte na próxima vez em que encontrar o medo, pois é nesse ponto que entra a coragem. Geralmente pensamos que as pessoas corajosas não sentem medo, mas a verdade é que elas estão familiarizadas com ele.[10]

Li essa passagem num momento em que estava com muito medo de tomar uma decisão importante e passei a me questionar: por que não acolher o meu medo e aprender o que ele veio me ensinar? Por que não aceitar a minha ansiedade e ver o que ela quer me mostrar? Quando eu chegava na terapia lamentando ser a pessoa que vocês estão conhecendo neste livro, a minha analista sempre dizia: "Daiana, mas por que você não pode sentir medo? Por que você não pode estar ansiosa? Por que você não pode conviver com a frustração?" Eu não queria viver isso. Achava que uma vida feliz e completa não tinha no roteiro dor, ansiedade, angústia, tristeza ou falta.

Como escreveu o psicanalisa Jorge Forbes no livro *Você quer o que deseja?*:

Vivemos em um irresponsável mundo novo que exclui o sujeito. Maquiamos o homem perfeito, "pau para toda obra", de bom humor, magro e potente, fazendo um coquetel de Prozac®, Xenical® e Viagra®. A realidade não precisa de mim, estamos às vésperas da inutilidade do sujeito.[11]

Forbes fala do mundo pós-moderno e da síndrome do "sem limite":

Sem limite de distância, com a revolução da Internet; sem limite da cura, com novos medicamentos, clonagens, partos fabricados; sem limite de segurança, com carros blindados e guardas armados; sem limite da beleza, com plásticas estéticas e dermatologia cosmética. (...) ao contrário do que o "bom senso" poderia esperar, não acompanhou esse formidável progresso uma taxa equivalente de felicidade e de bem-estar. Ao contrário, o que se viu foi o crescimento dos quadros depressivos e das toxicofilias.[12]

Não é curioso que quanto mais tentamos "fabricar" seres humanos perfeitos, mais vivemos a infelicidade, a doença, os vícios? Eu vivi isso claramente. Quanto mais magra eu ficava, mais remédios para emagrecer tomava, mais fome me impunha, mais lipoaspirações fazia e mais aprisionada no meu corpo e na minha doença eu permanecia. Somos regidas pela urgência em aplacar as sensações que incomodam. Resolver, disfarçar ou fugir. Estamos sempre à procura do alívio imediato, do momento para descarregar o que não suportamos, como se não pudéssemos sentir ansiedade, medo, cansaço, frustração. Fato é que ainda não conheci ninguém que não sinta isso. Quanto mais tentarmos nos distanciar da condição humana, mais infelizes seremos.

> Somos regidas pela urgência em aplacar as sensações que incomodam. Resolver, disfarçar ou fugir. Estamos sempre à procura do alívio imediato, do momento para descarregar o que não suportamos, como se não pudéssemos sentir ansiedade, medo, cansaço, frustração.

## Você nunca estará completa

Sempre haverá uma falta, um vazio. Ou várias faltas, vários vazios. Depois daquele retiro de cinco dias em silêncio, por muitas e muitas sessões de análise busquei ficar cada vez mais próxima daquilo que eu entendia e sentia como falta. Passei a ficar mais tempo sozinha e em silêncio, sem fazer coisas que fazia somente para preencher meus vazios. Passei a meditar mais e assim abri a minha mente para a possibilidade de pensar e sentir. Descobri que existe uma serenidade no vazio e que é preciso silêncio para voltarmos a ter contato com a pessoa que somos. O meu caminho foi pela meditação, talvez o seu seja outro. Busque-o.

Muitas vezes, pensar em meditação ou silêncio nos amedronta. Sobretudo nos dias de hoje, em que somos bombardeadas o tempo todo por estímulos: ruídos, imagens, notícias, histórias, WhatsApp, Facebook, Instagram, Twitter, Snapchat, YouTube; enfim, temos nas mãos uma quantidade oceânica de possibilidades. Ficamos perdidas com tanta informação. Já não sabemos o que é verdade, o que é mentira, o que existe por trás de qualquer notícia que lemos. O mundo está muito assustador e nos sentimos muito pequenas diante de tudo isso.

Estamos aprisionadas em um cotidiano absurdamente frenético. Vivemos a superconectividade, não passamos mais um segundo sequer sem ocupar a mente consumindo informações. Muitas pessoas vivem presas no *"fear of missing out"* (FOMO), expressão em inglês que significa "medo de estar perdendo algo", "medo de ficar de fora", e também no desejo de estar permanentemente conectadas, sabendo de tudo que os outros estão fazendo e o que está acontecendo no mundo. Essa superconectividade gera muita ansiedade. É impossível consumir toda a informação disponível ou estar por dentro de tudo. Entretanto, hoje em dia, você é considerada um ET se não responde imediatamente a todos os WhatsApps e e-mails, se não comenta e curte todos os posts dos seus amigos, se não trabalha no mínimo 14 horas por dia e se não está on-line à meia-noite e às 6 da manhã.

Bem, prefiro ser considerada ET. Penso que viver assim está longe de ser saudável. Acredito que esse é o caminho perfeito para adoecer. Precisamos parar e respirar um pouco, dar espaço para a sensação de falta, sentir o que estamos vivendo.

Já no século XVII, o físico, filósofo e teólogo francês Blaise Pascal escreveu: "Todos os problemas do homem vêm de sua incapacidade de ficar em paz em seu próprio quarto." Alguns séculos mais tarde, Nietzsche escreveu: "Vosso mau amor de vós mesmos vos faz do isolamento um cativeiro." Eu era o meu cativeiro. Foi isso que senti naqueles dias sozinha, em silêncio no pequeno quarto de paredes brancas. Eu precisava criar intimidade com o meu vazio, com as minhas faltas, para encontrar paz no meu quarto, no meu corpo, na minha vida.

Eu estava tão perdida nos meus desejos de ter e ser cada vez mais coisas que só conseguia pensar nos sonhos que nunca realizei. Viver assim, sem espaço para refletir sobre o que já deu certo, é muito perigoso e doloroso. Eu precisava aprender a viver de uma maneira diferente e desde então decidi que vou me dar o tempo de aprender.

Já aprendi que a busca obsessiva pelo sucesso e pela felicidade plena nos escraviza. Aprendi que a inveja tem um grande potencial de destruição por nos aprisionar no círculo vicioso da diminuição de nós mesmas. Aprendi que não podemos controlar tudo que sentimos, mas que somos responsáveis pela forma como vamos reagir ao que nos acontece. Estou numa jornada para compreender a minha responsabilidade. Não sou mais uma criança me debatendo no chão num momento de birra.

Aprendi tudo isso, mas o aprendizado mais importante é que ainda preciso aprender muita coisa. Como diz Pema Chödrön: "Acima de tudo, o mais importante é deixar espaço para o não saber." Como contei nos capítulos anteriores, eu tive que enfrentar a inveja, a raiva e os sentimentos de comparação que me corroíam. Nesse caminho de desvendar a Daiana primitiva, encontrei um forte sentimento de inferioridade e deparei com a mais dolorosa descoberta: a inferioridade apareceu porque eu desejava a superioridade. Eu achava que só me sentiria segura e forte se fosse superior a alguém, e essa é uma devastadora fonte de sofrimento.

## O sentimento de inferioridade

Você se sente realmente bem nesta sociedade competitiva? Pergunto porque temos a ideia de que, para nos sentirmos bem, precisamos ser especiais e acima da média. Ser normal ou comum soa como fracasso.

Bem, preciso dizer uma coisa: não somos nem muito especiais nem muito imperfeitas – e é dificílimo lidar com esse fato. Tampouco somos desqualificadas. Somos muito boas em algumas coisas, porém não em todas. Não somos gênios, não somos iluminadas, não somos extraordinárias. Em geral somos comuns, normais, limitadas em certos pontos. Isso pode parecer muito assustador, entretanto essa compreensão fez minha perpétua sensação de insuficiência começar a se diluir.

Supomos que somos especiais e acima da média porque classificamos outras pessoas como comuns, normais, medíocres, abaixo da média ou inferiores. E essa é a fonte de toda inadequação e todo sofrimento. Quem se acha melhor do que os outros no fundo possui uma necessidade de se afirmar. Essa é a amostra de um desamparo, uma necessidade visceral de autoafirmação que revela a nossa insegurança. A sensação de superioridade é totalmente imaginária. Uma pessoa saudável emocionalmente não se sente superior a ninguém, não precisa provar o tempo todo que é extraordinária. Ela simplesmente se sente em paz em relação a quem é, aceita a sua vida e é feliz, sem precisar se sentir melhor do que ninguém.

Eu tive a felicidade de aprender isso no livro *A virtude da raiva*, de Arun Gandhi, neto de Mahatma Gandhi: "Acreditar que somos melhores do que os outros leva à raiva e à violência, nos deixando cegos para o fato de que todos estamos intimamente conectados."[13] Eu me permito acrescentar que acreditar que somos melhores ou piores do que os outros também nos leva à comparação e à inveja.

---

Quem se acha melhor do que os outros no fundo possui uma necessidade de se afirmar. Essa é a amostra de um desamparo, uma necessidade visceral de autoafirmação que revela a nossa insegurança.

---

Criamos metas, idealizamos sonhos, estabelecemos objetivos e, quando *não* conseguimos obter o que desejamos, a sensação de fracasso nos atinge como um tsunami devastador. Para aplacar essa dor, tentamos culpar a pessoa que venceu o concurso, que ficou com a vaga de emprego, que foi promovida... Desqualificamos essa pessoa e a culpamos pelo nosso "fracasso", afinal ela vive a felicidade que não estamos vivendo. Também não suportamos o fracasso e a inferioridade porque não aguentamos imaginar que outra pessoa pense que somos fracassadas. É uma dor dilacerante pensar que a imagem que outra pessoa tem de nós é de alguém inferior.

Por que sofremos assim? Talvez por causa da arrogância de pensarmos que somos melhores do que os outros. Talvez por causa do Narciso que vive dentro de cada uma de nós. Talvez porque não queiramos admitir a parte obscura de nós mesmas, acolher que somos humanas e que, além de amor, bondade e compaixão, também temos maldade, ódio, raiva, inveja e agressividade. O psicanalista e escritor Oscar Miguelez escreveu no livro *Narcisismos*:

Ninguém é em si mesmo bom ou mau, ou melhor, todos somos bons e maus ao mesmo tempo (...) A maldade é um componente próprio da subjetividade com o qual todos devemos conviver.[14]

Ele cita um trecho da obra de Freud:

(...) o caráter de uma pessoa (...) como sabemos, só de forma inadequada pode ser classificado como "bom" ou "mau". Raramente um ser humano é totalmente bom ou mau; via de regra ele é "bom" em relação a determinada coisa e "mau" em relação a outra, ou "bom" em certas circunstâncias externas e em outras indiscutivelmente "mau".[15]

Sinto que muitas vezes o ser humano não dispõe de recursos para compreender suas emoções. Em geral, não sabemos muito sobre nossos pensamentos e emoções e temos tanto medo de ser humilhadas, rejeitadas ou julgadas como más que preferimos nos isolar dessas sensações e não conversar sobre esses assuntos.

Mas responda com sinceridade: quantas vezes você já teve pensamentos considerados "maus"? Você já feriu alguém com a sua maldade ou agressividade? Como lidou com isso? Miguelez ressalta que "o fato de o mal ser inevitável não justifica que ele não tenha de ser combatido". Por isso é fundamental refletirmos com responsabilidade sobre a agressividade e a maldade.

Infelizmente a vida se transformou em uma eterna competição – por emprego, pelo melhor salário, pelo cargo desejado, por sucesso, e por aí vai. Assim acabamos desenvolvendo a agressividade como forma de autoproteção. Diante da impotência, recorremos a formas violentas de expressão. Basta observar a agressividade nos comentários na internet, nas mensagens de WhatsApp ou nas atitudes dos motoristas no trânsito. Estamos vendo as outras pessoas como inimigos a serem abatidos, o que torna o nosso dia a dia aterrorizante. Não importa se vencemos ou perdemos, estamos sempre em uma espécie de combate e por isso cada vez mais angustiados, ansiosos e depressivos.

Claro que ninguém quer ser um "perdedor", mas precisamos lembrar que todas perdemos em algum momento! Todas fracassamos em alguma coisa. Assim como todas somos vitoriosas e bem-sucedidas, afinal também tivemos conquistas ao longo da vida. O problema é que escolhemos um jeito muito complicado de viver ao nos definirmos como "fracassadas" por causa de alguns episódios de perda, frustração ou derrota. Não é verdade que a sua vida inteira seja um fracasso. Assim como não existe uma vida só de vitórias. É inútil pensar que existe a possibilidade de viver sem tristezas, decepções, culpas, cicatrizes ou arrependimentos.

Sei que tudo isso parece pessimista, mas o que estou dizendo é a mais pura realidade: *sim*, você vai fracassar, com certeza, muitas vezes ao longo da vida, e *não*, você não vai realizar todos os seus sonhos. Vai, sim, realizar alguns, mas não todos. Conquistar algumas coisas é possível, conquistar tudo que deseja não é. Precisamos estar preparadas para isso; entretanto, em geral não estamos.

Desenvolver a capacidade de aceitar as perdas, os erros e as frustrações da vida é a ferramenta mais eficaz para suavizar nossos sofrimentos. Precisamos abrir espaço para aprender que a sensação de inadequação/fracasso/vergonha/culpa/insegurança/vazio/desamparo jamais vai desaparecer totalmente. Sempre haverá situações em que a vergonha vai nos visitar, o fracasso vai chegar, a insuficiência vai gritar, a inadequação vai ser aquela pedrinha no sapato, a insegurança vai fazer seu coração se apertar, a culpa, o vazio e o desamparo vão surgir. E temos que acomodar isso dentro de nós.

Mas como fazer isso? Você vai ter que descobrir. Eu estou conseguindo por meio de terapia, leituras e meditação. Estou aprendendo que o vazio não é mais um abismo insuportável. No entanto, você só será capaz de saborear esse tipo de paz quando finalmente aceitar, no fundo do coração, que aquela ideia de que um dia nos sentiremos plenas, completas, preenchidas, que estaremos totalmente seguras e sem vazios, é ficção. Só acontece em filmes, novelas, capas de revista e no Instagram. Na vida real, como na minha e na sua, nunca estaremos plenas, completas, realizadas, totalmente seguras e preenchidas. É sinal de sabedoria aceitar que somos falhas.

---

Aquela ideia de que um dia nos sentiremos plenas, completas, preenchidas, que estaremos totalmente seguras e sem vazios, é ficção. Só acontece em filmes, novelas, capas de revista e no Instagram.

---

Como enfatiza Fernando Pessoa nas seguintes estrofes do *Poema em linha reta:*

Toda a gente que eu conheço e que fala comigo
Nunca teve um ato ridículo, nunca sofreu enxovalho,
Nunca foi senão príncipe – todos eles príncipes – na vida...

Quem me dera ouvir de alguém a voz humana
Que confessasse não um pecado, mas uma infâmia;
Que contasse, não uma violência, mas uma cobardia!
Não, são todos o Ideal, se os oiço e me falam.
Quem há neste largo mundo que me confesse que uma vez foi vil?
Ó príncipes, meus irmãos,

Arre, estou farto de semideuses!
Onde é que há gente no mundo?[16]

Esquecemos que não somos máquinas perfeitas. Esquecemos, ou nunca aprendemos, que a vida é imperfeita e inúmeras vezes injusta, e em muitos casos não podemos fazer nada para mudar isso. Só podemos mudar como vamos acomodar isso dentro de nós.

Como venho demonstrando, algumas perguntas reverberaram por muitos anos na minha mente: por que me sinto sempre um fracasso? Por que nunca estou feliz com a minha carreira, com o meu corpo, com a minha vida? Por que nunca acho que tenho o suficiente? Por que não consigo simplesmente ser feliz com o que já conquistei? Será que eu vou viver este inferno da insuficiência e esta sensação de fracasso para sempre? Eu nunca vou ser feliz?

São perguntas complexas e dolorosas, para as quais talvez não existam respostas definitivas. Como escreveu o psicanalista Jacques Lacan: "Nada é mais temível do que dizer algo que possa ser verdadeiro." Refletir sobre essas questões pode nos fazer encarar a temível percepção de que muitas vezes assumimos o papel de vítima para não reconhecer o lado mais obscuro de nós mesmas. Outras vezes somos, sim, injustiçadas, enganadas, traídas, humilhadas, rejeitadas. Vivemos sofrimentos reais e imaginários. Admitir e aceitar que agimos assim e acolher, com autocompaixão e responsabilidade, toda a contradição da nossa condição humana é a forma mais elevada de cuidado e respeito por nós mesmas.

Não gostava de me olhar no espelho

A figura que eu via anunciava uma
dor que passava o dia escondida

Ela sabia de tudo, mas eu queria
esconder, fugir

Revelava toda a culpa, medo,
ressentimento

Eu não sabia mais viver naquela
angústia

## CAPÍTULO 4

# CULPA, AUTOPUNIÇÃO E RESSENTIMENTO

Há 10 anos tive uma discussão terrível com dois colegas de trabalho. Foi uma situação difícil e passei uma década arrependida e muito envergonhada. Mesmo com o passar do tempo, aquele episódio continuava me assombrando e eu me sentia cada vez mais culpada. Sentia culpa por ter dito coisas que não devia e por ter perdido a cabeça. Eu simplesmente explodi. As palavras saíram da minha boca com agressividade e raiva. Embora eu acredite, até hoje, que não estava errada nos motivos que levaram à discussão, a forma como me expressei foi completamente equivocada. Foi a primeira vez que me aconteceu algo assim.

Ao mesmo tempo que me sentia envergonhada e culpada, eu também culpava os dois colegas pela minha atitude. Ficava ruminando as palavras, repetia os diálogos daquele dia, imaginava como seria se eu pudesse voltar no tempo e mudar a forma como tudo aconteceu. Nesses devaneios, eu recriava a discussão para tentar aplacar a culpa, o arrependimento, a vergonha e – hoje sei – para evitar uma década de ressentimento.

Ressentimento, aliás, é uma palavra nova em minha vida. Não é que eu nunca tivesse ouvido falar do termo, mas digo "nova" porque só há pouco tempo entendi o seu real significado e pude admitir, pela primeira vez, que eu era uma pessoa muito ressentida.

O ressentimento causa uma dor intensa e contínua. Em mim, essa dor misturava rancor, mágoa, culpa, inveja, ciúme e desejo de vingança; e, por ser tão poderosa, me machucava todos os dias, por anos e anos, até que descobri que não se pode levar a vida culpando os outros pelo nosso sofrimento. Pensar sobre isso é difícil, doloroso e requer coragem e responsabilidade.

Percorri um longo caminho para decidir que não quero mais ser uma pessoa eternamente culpada/envergonhada/ressentida/vítima da vida. Para isso busquei ajuda psicológica, li livros, entrevistei profissionais de saúde mental e refleti sobre algumas questões que quero compartilhar neste capítulo.

Talvez você ache estranho falar sobre culpa e ressentimento num mesmo contexto – não costumamos pensar que esses dois sentimentos possam coexistir. Pois é, mas descobri que, no meu emaranhado de dores reais e imaginárias, a culpa e o ressentimento se encontraram e andaram juntos por muitos anos.

Vamos começar esta conversa pela culpa e pela necessidade de autopunição que a acompanha.

## Por que me sinto tão culpada?

"Me sinto culpada."

"A culpa me consome."

"Eu sou um fracasso e me sinto culpada e envergonhada por não conseguir mudar."

Essas frases, que fizeram parte da minha vida por mais de 20 anos, estão em quase todos os e-mails e mensagens que recebo, e sempre aparecem nas conversas que tenho com mulheres que vão a minhas palestras e meus eventos. Quando passei a ter acesso aos sentimentos escondidos de mulheres e homens, descobri que somos todos seres culpados e envergonhados.

O sentimento de culpa é um tema muito vasto. Temos a culpa pelos olhos das religiões judaico-cristãs, com um Deus punitivo que exige a expiação dos pecados cometidos. Temos também a culpa pelos pontos de vista da psicanálise e da filosofia. Muitos estudiosos e grandes pensadores

– como Nietzsche, Hannah Arendt, Freud e Karl Jaspers – se dedicaram ao tema. Eu pude compreender o impacto dela na minha vida por meio da psicanálise e dos meus estudos. Vou contar como foi o meu caminho para descobrir a voz feroz do sentimento de culpa e como aprendi a lidar com essa dor, que nunca desaparece totalmente.

Todas nós temos histórias que consideramos "inconfessáveis". São histórias que envolvem inveja, desejos, vergonha, agressividade, sexualidade e muitos outros sentimentos e pensamentos que fazem parte de nós e nos causam sofrimento. Em momentos de dor, com muita frequência confundimos *culpa* com *vergonha*. Eu confesso que nunca soube direito se o que sentia era uma ou outra, ou se era tudo misturado, e em quase todos os relatos que recebo aparecem as duas palavras. Por isso, acho importante compreendermos as diferenças entre elas. Muitos estudiosos falam sobre o tema, e selecionei duas abordagens de que gosto especialmente.

A primeira é de Brené Brown, que define a culpa como o sentimento de que "fiz uma coisa má" e a vergonha como o sentimento de que "sou uma pessoa má". Para ela, a culpa é uma palavra associada ao verbo *fazer*: sentimo-nos culpadas quando fazemos algo errado ou magoamos alguém. Já a vergonha é um sentimento associado ao verbo *ser*: quando estou envergonhada, sinto que há algo errado com quem sou. No livro *Mais forte do que nunca*, Brené diz que a diferença entre vergonha e culpa está na maneira como falamos com nós mesmas.

> A vergonha tem foco no eu, enquanto a culpa tem foco no comportamento. Isto não é mera questão de semântica. Há uma enorme diferença entre "Fiz uma besteira" (culpa) e "Eu estrago tudo" (vergonha).[17]

A segunda abordagem é a da psicanalista Elisa Maria de Ulhoa Cintra, que explica que o sentimento de vergonha tem relação com sentir a sua imagem arranhada:

Vergonha de não ter sido admirado, nem reconhecido, nem ter sido tão belo e tão inteligente quanto queria ser. (...) De ter aparecido sujo, feio, com o rosto marcado, com os defeitos à mostra, nu.[18]

Já a culpa, segundo ela, é sempre o sentimento de dívida em relação a algo que você deveria ter feito e não fez, ou a algo que você fez de errado:

Culpa expressa sempre uma dívida. Sensação de não ter feito tudo o que podia, sensação dolorosa de ter ficado indiferente, imóvel, incapaz de dizer ou fazer algo que poderia ter salvo, ou aliviado, ou curado.[19]

Elisa ressalta que a culpa também é sentida quando o amor é maior que a indiferença e o ódio: "Sente-se culpa quando é possível sentir dor e arrependimento, remorso. A culpa morde a alma."

Se pararmos para pensar em algumas situações em que sentimos culpa, vamos logo perceber o amor ferido. A culpa morde a alma porque queremos sempre ser amadas, um sentimento narcisista que envolve o desejo impossível de que todos gostem de nós. Não suportamos que alguém nos rejeite, não nos perdoe ou não nos ame. No fundo achamos, com certa arrogância, que os outros têm a "obrigação" de gostar de nós.

---

No fundo achamos, com certa arrogância, que os outros têm a "obrigação" de gostar de nós.

---

Por causa da briga com meus colegas de trabalho que contei no início do capítulo, eu também sentia culpa e arrependimento porque não suportava a dor de saber que duas pessoas de quem eu gostava tanto simplesmente não gostavam mais de mim. Tínhamos uma amizade linda, éramos parceiros, trabalhávamos muito, nos divertíamos muito também. Ia além de uma simples relação de trabalho e, de repente, por causa de uma discussão, com palavras duras demais para serem digeridas, tudo acabou. Eu os feri e eles nunca mais gostaram de mim. Quando eu chegava na redação, ficava um silêncio mortal, todas as cabeças baixas. A relação se tornou fria, seca, as únicas palavras ditas eram de ordem estritamente profissional.

Eu sofria muito com a indiferença deles. Hoje sei que o que estava em jogo era um tipo de amor. Não é só o amor romântico que pode ser ferido. O amor fraterno que sentimos pelos nossos amigos também nos faz muita falta. Se eu não sentisse nada por eles, teria esquecido a briga rapidamente e não faria questão do carinho deles, como já aconteceu em outros casos de desentendimento no trabalho. Mas eles eram importantes para mim, por isso a culpa e o arrependimento permaneceram por tantos anos.

Elisa destaca ainda que, além das culpas da relação com as outras pessoas, com as crenças, com os valores e com os ideais, existem as culpas da relação consigo mesmo, que também são sentidas como dívidas.

> Culpa de não ter cuidado melhor de si, de ter se deixado ferir e humilhar, de ter entrado em relacionamentos abusivos, de ter se drogado, de ter comido demais, de ter se culpado tanto, de não ter estudado, não ter prestado atenção, não ter levado em consideração a pessoa real que você é. De ter se iludido, de ter se envaidecido, de ter dito o que não devia, de ter se distanciado, de ter invadido. De ter sido excessivo em sua demanda, insaciável, excedente em seu ciúme, em sua rivalidade, em sua inveja, em sua crueldade.[20]

O sentimento de culpa é uma experiência muito comum e cotidiana para todas nós, embora isso não queira dizer que não nos cause estranhamento e incompreensão. Pensamentos sobre culpa atormentam nossa mente, nos causam sofrimentos dos mais diversos e, algumas vezes, nos impedem de seguir em frente. Acontece comigo, com você e com muitas pessoas. Escolhi alguns trechos de e-mails que recebi e que gostaria de compartilhar:

"Eu sinto culpa de não aceitar a minha mãe do jeito que ela é. Não queria que fosse assim... Uma mãe com depressão, com alcoolismo, sem vontade de cuidar de si, de mim, ou de fazer algo para mudar isso. Uma mãe que inverteu os papéis de filha e mãe. Me fazia esperar uma hora por ela na escola, torcendo para ter almoço em casa."

"Eu me culpo por não ser uma pessoa bem-sucedida profissionalmente e por não atingir os padrões esperados hoje em dia, como viajar várias vezes ao ano, ter filhos, ter casa própria."

"Eu me culpo por ter engordado mais de 20 quilos na última crise de depressão. Me sinto muito culpada por ser estudante de educação física, futura profissional da área e estar acima do peso."

"Como mãe, eu me sinto culpada quando quero ficar sozinha, quando estou cansada e não tenho energia para brincar com minha filha. Como mulher, me culpo até de ter prazer sexual, que para mim está interligado com a culpa do alimento. Me culpo quando não consigo controlar minha raiva. Me culpo quando estou tão deprimida que não consigo nem tomar banho."

"Tive um relacionamento de 14 anos que acabou há cinco anos e, por um bom tempo, carreguei comigo a culpa do término achando que eu não fui 'boa' o suficiente na relação e por isso acabei sendo trocada por outra."

"Eu me sinto culpada por me deixar sempre para depois. Deixo de fazer a unha para não gastar dinheiro e vejo meu marido comprar a cervejinha dele. Sinto culpa por estar sempre à disposição para todos, menos para mim. Sempre acho que a prioridade é minha família e não eu. Essa culpa de me deixar de lado está me ferindo muito."

"Sinto culpa por não possuir um corpo adequado para usar uma lingerie, culpa por não ter sido reconhecida como filha pelo meu pai e ainda assim passar a vida inteira ao lado dele, e agora, no final da sua vida, estar sendo a cuidadora dele. Culpa por me sentir tão feia e incapaz que não me sinto digna de ter alguém. Culpa por me sentir burra, gorda e sem função na vida."

"Durmo e acordo com culpa. Ao acordar já sinto o cheiro do café sendo passado e do pão fresquinho, e o meu único pensamento é: o que vou fazer para resistir, para não ser fraca, para não sair da dieta da menina do Instagram com zero carboidrato. Por que ela consegue e eu não? Eu sou a pior pessoa do mundo, não sirvo nem para fazer uma dieta. Por que todos são magros e bonitos e eu não? Por que eu não consigo? Carrego essa culpa de ser tão fraca, tão incapaz."

Viu como você não está sozinha? Antes de seguir na leitura, convido você a fazer uma pausa e pensar: você se identificou com alguma dessas situações? Talvez mais de uma? Como se sente? Já refletiu sobre quando começou a se sentir assim? Qual a origem desse sentimento? Essa culpa é mesmo sua ou alguém fez ou faz você se sentir culpada? Gostaria de escrever como se sente?

## Ficamos remoendo nossas culpas sem entender direito por que sofremos

Para compreender por que eu me culpava tanto, precisei antes entender como se formou em mim a percepção sobre o que eu considerava certo, errado, adequado, inadequado, proibido, aceitável, condenável ou admirável. Para isso, tive que compreender como se dá o início da nossa vida, o período em que começamos a formar a nossa estrutura psíquica, a psique.

Não nascemos anjinhos perfeitos, impecáveis do ponto de vista moral, não nascemos corretas ou incorretas, muito menos civilizadas. A humanização, a sociabilização e a moral vão se constituindo ao longo da nossa vida, por meio das pessoas e do ambiente em que somos criadas. Há na origem de todo ser humano uma total dependência de outro ser humano para sobreviver, e por isso um eterno sentimento de desamparo que já nasce conosco. Um bebê não sobrevive sozinho, precisa de alguém que cuide dele, que o limpe, alimente e proteja, e é assim que se inicia a nossa vida – física e psíquica.

Aos poucos, aprendemos a amar esse alguém que nos cria, pelo bem que nos faz, e a odiar esse mesmo alguém por tudo que *não* faz, por suas proibições e limitações. Provavelmente você lembra de ter sentido raiva ou ódio de sua mãe ou de seu pai (ou de quem criou você) porque eles não a deixaram fazer algo que queria. Esse sentimento de ambivalência, amor e ódio ao outro, predomina no ser humano e fundamenta a nossa forma de nos relacionarmos com o mundo.

Desde os primeiros meses de vida, somos lentamente inseridas na cultura e nas regras familiares e sociais das pessoas que nos criam, assim como nossos pais foram introduzidos na cultura e nas regras familiares e sociais das pessoas que os criaram. Eles nos ensinam aquilo que aprenderam. Depois, somos apresentadas às normas da escola e influenciadas por professores, colegas, amigos, enfim, pela cultura em que crescemos. Diante de tudo que aprendemos, vivemos e sentimos, consciente e inconscientemente, vamos construindo nossos ideais de moral, as regras de conduta e os costumes estabelecidos e admitidos em nossa cultura, tudo que consideramos correto, ético e aceitável socialmente.

Criamos um "eu perfeito e ideal", um modelo que devemos seguir, e, quando nos distanciamos de nossos ideais, sofremos, nos sentimos envergonhadas, fracassadas, desamparadas. E, assim, não temos como evitar: nos sentimos culpadas. Culpadas porque erramos, porque nos irritamos com um colega, porque perdemos a paciência e gritamos com os filhos, porque fomos grosseiras com alguém ou agressivas no trânsito, porque comemos mais do que achamos que deveríamos, porque nos permitimos prazeres que entendemos como condenáveis. Enfim, sentimos culpa em infinitas situações, como vimos nas mensagens que as leitoras me mandaram, porque nunca conseguimos ser o "eu perfeito e ideal" que achamos que devemos ser.

Precisamos abandonar essa ideia de perfeição, porque ela é inatingível, e começar a pensar sobre o que o sentimento de culpa quer nos ensinar. A grande mudança na minha vida aconteceu quando finalmente tive a coragem de parar de me vitimizar pelas culpas que eu sentia e passei a refletir sobre a minha responsabilidade pelos meus erros, escolhas, fracassos e atitudes.

## O autoquestionamento sincero e rigoroso pode ser muito difícil

Às vezes uma pergunta simples é extremamente difícil de responder. Por que fui agressiva com aquela pessoa? Por que agi de tal forma? Por que desejei mal a alguém e agora me sinto tão culpada? Por que me sinto tão culpada ao comer? Por que me sinto culpada ao ter prazer?

Um dia, em uma aula do curso de psicanálise, estávamos estudando um texto que falava, entre outros assuntos, sobre a culpa. A professora, a psicanalista Berenice Neri Blanes, explicava que raramente nos questionamos sobre nós mesmas. Pensamos, mas não entendemos muito bem o que sentimos, e muitas vezes resistimos à ideia de que certos sentimentos fazem parte de nós. Queremos, de alguma forma, negar que sentimos e pensamos certas coisas que consideramos proibidas, gerando muita angústia. Blanes explica:

O sentimento de culpa, em seu modo consciente perceptível ou inconsciente, nos põe em contato com nosso lado sombrio, obscuro, com aspectos de nossa vida psíquica que pouco conhecemos, mas que se apresentam sorrateiramente, sem pedir licença. São atos, comportamentos, pensamentos que temos e não compreendemos. Em psicanálise os nomeamos como: sintomas, lapsos, sonhos, lembranças, fantasias, autocensuras. Resultam de conflitos internos, que só conhecemos por seus efeitos. E estes efeitos, algumas vezes, nos fazem perguntar: por que sinto isto? O que está acontecendo comigo? Por que tanto desânimo, tristeza? Não tinha intenção de agir assim... por que o fiz?[21]

Depois daquela aula, passei a falar mais sobre as minhas culpas nas sessões de análise e descobri que eu vivia amarrada na culpa e no arrependimento porque estava sempre comparando minhas atitudes e meus pensamentos a uma suposta perfeição que eu desejava atingir, um "eu perfeito e ideal" fora do alcance de qualquer ser humano: eu queria ser uma mulher sem raiva, sem angústia, sem desejos, sem agressividade, sem medo, sem inveja, sem ansiedade, que nunca perde a paciência, que controla as emoções e as palavras. Enfim, eu queria ser a mulher sem defeitos.

Percebi que desenvolvera uma maneira cruel de viver baseada na comparação e na dor, e assim continuava impossibilitada de olhar para a minha dificuldade de aceitar a frustração de ser imperfeita: ansiosa, raivosa, angustiada, medrosa, invejosa, agressiva, desejante, impaciente. Descobri também que a culpa pode ser um instrumento valioso quando nos abrimos para a possibilidade de aprender com a dor que sentimos.

Freud trabalhou a questão da culpa em vários textos ao longo de sua obra. Em *O Eu e o Id* ele afirma: "A tensão entre as expectativas da consciência e as realizações do Eu é percebida como sentimento de culpa."[22] Freud explica que, para manter-se uma civilização, abre-se mão da satisfação plena de todos os desejos e pulsões, entre eles – e principalmente – a sexualidade e a agressividade.

Em outras palavras: seria impossível viver em um mundo em que todas as pessoas fizessem tudo que sentem vontade. Seria um caos. Sobre isso, a psicanalista Maria Salete Abrão Nunes da Silva diz:

Sem dúvida alguma a culpa compõe o psiquismo, e ninguém estará livre dela. As pessoas que não apresentam sentimento de culpa por seus atos fora dos padrões éticos e morais do grupo em que vivem estão dentro de classificações patológicas.[23]

Estão incluídas nessas classificações as perversões e sociopatias. Exemplos dessas patologias são casos de assassinos e outros criminosos que não conseguem expressar culpa nem arrependimento pelos seus atos.

A culpa regula e permite o processo de civilização. Sem culpa não conseguiríamos viver em grupo e não haveria consideração ao próximo. A função positiva da culpa é a possibilidade de compaixão e reparação ao considerar a dor do outro. A culpa também é uma forma de autorreflexão. Erramos? Prejudicamos, magoamos ou causamos algum tipo de sofrimento a alguém? Precisamos pedir desculpas?

Algumas vezes, quando sofremos com o sentimento de culpa, temos a oportunidade de fazer uma autoanálise para perceber quando precisamos reparar um dano – e isso é fantástico! O problema é que, outras vezes, a culpa surge como uma necessidade de autopunição, e esse tipo de culpa pode ter um potencial destruidor em nossa vida.

---

A função positiva da culpa é a
possibilidade de compaixão e reparação
ao considerar a dor do outro.

---

## A necessidade de autopunição

Punição. Castigo. Sofrimento infligido a si própria.

Como essas palavras reverberam em você? Talvez você nunca tenha percebido, mas provavelmente já sentiu uma necessidade de se punir sem saber por quê.

A psicanálise entende essa necessidade de autopunição como uma "culpa inconsciente". Berenice Neri Blanes explica que "essa é a culpa que, de fato, não sentimos, não percebemos conscientemente, mas cujos efeitos sentimos, sim. A pessoa não se sente culpada, ela se sente doente". Eis alguns exemplos de como esses efeitos podem se manifestar:

- Uma doença física, sem justificativas orgânicas.
- Incapacidade de usufruir do êxito – iniciativas que poderiam ser sentidas como exitosas, mas das quais decorre um sentimento de fracasso.
- Pensamentos perturbadores recorrentes – "Não quero pensar nisso, mas não consigo não pensar", "Quanto mais tento não pensar em determinado assunto, mais me ocorrem pensamentos sobre ele".
- Isolamento, distanciamento do convívio social.[24]

Os sintomas e o sofrimento surgem quando entendemos que estamos realizando – ou querendo realizar – algo que percebemos como proibido ou errado. Sentimos muita angústia e passamos a nos torturar. Criamos uma necessidade de punição e castigo que pode se expressar sob a forma dos sintomas que citamos. Assim, a pessoa vive um inferno do qual nunca consegue escapar.

Eu vivi esse inferno. No meu tratamento para a relação de ódio que eu tinha com a comida e com meu corpo, precisei desvendar todos os sentimentos sobre os quais estou falando desde o começo do livro: a inveja, a vergonha, a sensação de frustração, fracasso e insuficiência e o meu sentimento de culpa, principalmente a culpa ao comer e a necessidade extrema de autopunição. Eu machuquei muito meu corpo com remédios, cirurgias plásticas, excesso de exercício físico e fome, como conto no meu primeiro livro. Muitas pessoas, infelizmente, vão além disso e chegam à automutilação e ao suicídio.

A culpa – ou qualquer outra dor que provoque autoagressão e ódio de si mesma – precisa ser tratada por um profissional capacitado porque, em alguns casos, pode levar à depressão e à vontade de acabar com a própria vida.

Para a psicanalista Luciana Saddi, a culpa está atrelada à agressão, e o ódio é uma das formas com que a agressão se apresenta. "Tal ódio de si é deprimente e é central nos quadros depressivos em geral. O ódio leva à punição e perpetua um círculo vicioso de desqualificação do Eu."[25]

Hoje percebo que eu não era capaz de enxergar em mim nada além de um corpo que precisava emagrecer. Eu não tinha recursos psíquicos para compreender a necessidade de autopunição que vivia e o rebaixamento da minha autoestima. Experimentei o que os psicanalistas chamam de "empobrecimento do Eu" ou "empobrecimento do amor-próprio": não conseguia ver nenhuma qualidade em mim. Mas eu não entendia nada disso; só tentava desesperadamente emagrecer. Algumas pessoas acabam adoecendo de outras formas, desenvolvendo depressão, transtorno de ansiedade, crises de pânico, vício em drogas, álcool, jogos, sexo, compras, etc.

Se você vive o ódio a si mesma ou uma necessidade de punição que não consegue compreender, busque ajuda psicológica. Não tenha vergonha de ter uma dor emocional e não conseguir lidar com ela sozinha. Não se culpe por isso, mas lembre-se de que a responsabilidade de cuidar da sua saúde mental é sua, e de mais ninguém.

Precisamos aprender a trocar a culpa pela coragem e a responsabilidade. Só consegui fazer isso quando pude encarar todas as partes de mim que eu tinha medo e vergonha de tocar. Neste momento convido você a olhar para o último e poderoso sentimento que descobri nessa jornada: o ressentimento.

---

Precisamos aprender a trocar a culpa pela coragem e a responsabilidade.

---

## O ressentimento

Sempre que ruminava sobre as situações em que me senti magoada, ofendida, rejeitada ou injustiçada, eu sentia um misto de raiva, indignação, angústia e tristeza. Depois que comecei a meditar, aprendi a localizar no meu corpo essa dor. Ela começava com o coração acelerando, então uma onda de calor explodia no meu peito, se espalhava pelos braços e pelas mãos, e depois ficava presa na garganta como uma chama. Eu sentia o rosto ferver, corar e então, aos poucos, o calor se dissipava e se transformava em um nó no peito, que ficava ali me machucando dias, meses, anos.

Por muitos e muitos anos eu disse "Eu não esqueço", "Eu não perdoo", como se essas duas sentenças fossem virtudes. Sentia certo orgulho em dizer que guardava rancor. Até o dia em que experimentei a felicidade de esquecer e perdoar – não só a quem me feriu, mas a mim mesma.

Demorei 10 anos para me perdoar por ter sido grosseira com meus colegas de trabalho e para ser capaz de perdoá-los pelo sofrimento que me causaram. Ainda não sei se um dia esquecerei completamente o que aconteceu, mas me sinto tranquila e feliz por ter tido a coragem de pedir desculpas a eles, de reconhecer meu erro. Sei que eles ainda não me perdoaram, mas quanto a isso não há nada que eu possa fazer. Cada um tem o seu próprio tempo, e, se não estivermos abertos para elaborar o ressentimento, ele pode ser uma prisão para toda a vida.

Eu descobri que era uma pessoa muito ressentida, embora não me percebesse assim. Ressentir é sentir de novo – e de novo, e de novo, e de novo – palavras ou atos que nos ofenderam ou nos machucaram e que não seriam especialmente problemáticos se conseguíssemos logo esquecer ou perdoar. Algumas vezes conseguimos, mas há certas situações que não somos capazes de esquecer nem de perdoar – ou, pior, *não queremos* esquecer nem perdoar.

A pessoa ressentida sente raiva e desejo de se vingar de quem a machucou porque atribui ao outro total responsabilidade pelo seu sofrimento, e assim permanece como vítima. Usamos muitas vezes essa posição de vítima como autodefesa. Fiz isso repetidamente ao longo da vida e assim alimentava o ressentimento, a inveja, a sensação de fracasso, o vazio, a culpa e a vergonha.

> A pessoa ressentida sente raiva e desejo de se vingar de quem a machucou porque atribui ao outro total responsabilidade pelo seu sofrimento, e assim permanece como vítima.

Vou contar agora um fato muito delicado que aconteceu quando eu estava no início da faculdade de jornalismo. Naquela época, o valor da mensalidade do meu curso era de 800 reais. Eu trabalhava em uma rádio e ganhava 600 reais por mês, e meus pais me ajudavam a pagar o que faltava para completar a mensalidade e o restante das despesas (ônibus, alimentação, livros, etc.).

Meu pai trabalhava como motorista na Prefeitura de Farroupilha e minha mãe tinha uma loja de roupas. A loja ia muito mal, raramente dava lucro, e chegou a um ponto em que a renda da família ficou menor do que as despesas e não conseguimos mais pagar a minha faculdade. Comecei a atrasar um mês, depois outro, e no fim do semestre estava completamente endividada. Então sentei para conversar com os meus pais sobre como faríamos para pagar a faculdade e meu pai me disse uma frase que me assombrou por muitos anos: "Se não tem dinheiro para pagar, para de estudar, vamos fazer o quê?"

Fiquei enfurecida. Não acreditava no que estava ouvindo. Pensava: "Como um pai pode mandar uma filha parar de estudar? Como será meu futuro se não terminar a faculdade?" Chorei muito aquele dia. Sentia raiva de muitas coisas: do meu pai, de não ter dinheiro, de não ter nascido em uma família rica. Fiquei vários dias sem falar com ele e demorei 15 anos para ser capaz de perdoá-lo. Só consegui perdoar quando compreendi que meu pai só poderia me dar, ou me ensinar, aquilo que ele mesmo teve ou aprendeu. E a verdade é que eu pouco sabia sobre a infância e a adolescência do meu pai.

Em 2018, minha família veio passar o Natal na minha casa em São Paulo e certa manhã eu acordei às 7h e vi meu pai já na varanda tomando chimarrão. Sentei ao lado dele e começamos a conversar. Foi a conversa mais linda que já tivemos. Eu sempre soube que meu pai teve nove irmãos, que moravam em uma casa muito simples e que ele só pôde estudar até a segunda série do ensino fundamental. Aos 8 anos ele recebeu de seu pai uma enxada para começar a trabalhar na roça e ajudar no sustento da família. Mas ele nunca se queixou nem reclamou de nada sobre a vida que levara.

Naquela manhã, fiquei sabendo que a mãe dele, minha avó Maximina, chegou a passar fome para dar comida aos 10 filhos. Na casa deles não havia luz elétrica nem água encanada, só um poço no quintal. Com lágrimas nos olhos, como eu nunca tinha visto, meu pai contou que no inverno, muitas vezes com a temperatura abaixo de zero, ele e os irmãos iam capinar na roça coberta de gelo, de chinelos, porque não tinham dinheiro sequer para comprar calçados. Meu pai usou sapatos fechados pela primeira vez na adolescência, porque um vizinho lhe deu de presente um par de calçados usados. E, aos 19 anos, com o salário de motorista de caminhão, ele comprou para minha avó um fogão a gás usado. Foi o primeiro fogão a gás da família.

Naquela conversa, nós dois choramos juntos pela primeira vez e eu pude entender muita coisa. Entendi por que hoje em dia meu pai cuida dos sapatos dele como joias raras (estão sempre impecáveis e bem engraxados, lustrosos como um espelho). Entendi por que ele sempre ficava muito bravo quando eu ou meus irmãos deixávamos comida no prato. E por que para ele era normal dizer para a filha de mais de 18 anos que não tinha dinheiro para pagar seus estudos.

Perguntei por que ele nunca tinha contado nada daquilo para a gente. Ele respondeu: "Pra que lembrar de tanta tristeza, minha filha?" Nos abraçamos como nunca, e naquele dia meu coração se abriu. Sinto cada vez mais amor pelo meu pai e me orgulho muito dele, de tudo que ele e minha mãe construíram juntos, e sinto cada vez mais gratidão pela vida que eu tinha naquela época e pela vida que tenho agora. Também consegui me perdoar por ter sido uma adolescente raivosa e incompreensiva com a situação financeira da família.

Muitas vezes, a razão das discussões e dos atos que geram mágoa, raiva e ressentimento é a falta de diálogo. Aprendi que, quando não conhecemos a história de vida dos outros, não temos ferramentas para compreender as suas atitudes. Se você guarda no coração algum ressentimento com relação a alguém próximo, pense na possibilidade de ter uma conversa franca. E, se não tem a oportunidade de conversar com a outra pessoa, pense na possibilidade da autocompreensão e do autoperdão com responsabilidade.

Para me perdoar e me libertar de tantos anos de ressentimento do meu pai, dos meus colegas de trabalho e de tantas outras situações com as quais me sentia magoada, precisei olhar para duas partes de mim: a parte que queria ser a vítima, que sentia uma espécie de satisfação em ser a "coitadinha", a "injustiçada"; e a outra parte, a corajosa e responsável pelos meus atos, pelas minhas escolhas e pela minha vida.

## "É no lugar da vítima que se instala o ressentido"
Na época em que meu pai me disse que eu devia parar de estudar porque não havia dinheiro para pagar a faculdade, eu cheguei a pensar: "Ok, minha vida acabou, vou trancar a faculdade, me lamentar e culpar meu pai pelo meu fracasso profissional." Mas logo me dei conta de que não queria seguir por esse caminho e comecei a procurar uma saída. Descobri que existiam financiamentos estudantis, participei de um processo seletivo e consegui uma bolsa. Eu só pagava um terço do valor da faculdade e a Fundaplub (Fundação da Associação dos Profissionais Liberais Universitários do Brasil de Crédito Educativo) pagava o restante. Era um empréstimo, e eu começaria a pagar o financiamento um

ano depois que me formasse. Fiquei muito feliz e assim consegui me formar na faculdade de jornalismo.

Hoje percebo que, em muitas situações, a voz da vítima/sofredora teimava em aparecer e tentava me fazer acreditar que a culpa dos meus fracassos era sempre de outra pessoa. Só entendi que me fazia de vítima com mais frequência do que imaginava depois que li o livro *Ressentimento*, da psicanalista Maria Rita Kehl. Ela escreveu:

> (...) o derrotado só se torna um ressentido quando ele deixa de se identificar como derrotado e passa a se identificar como vítima, sobretudo vítima *inocente* de um vencedor que, nesses termos, passa a ocupar o lugar de culpado. É no lugar da vítima que se instala o ressentido.[26]

Fiquei profundamente incomodada com vários trechos do livro, tanto que só li até a página 23, onde estava essa citação, e abandonei a leitura. Deixei o livro na estante, sempre à vista, mas alguma resistência me impedia de prosseguir. Eu conhecia aquela sensação de fugir de algo difícil de lidar.

A primeira vez que li Nietzsche, um dos mais importantes pensadores sobre o impacto do ressentimento na nossa vida, detestei e também abandonei a leitura. Achei tudo tão difícil de entender, tão distante de mim... Eu pensava: "Nossa, como ele é pessimista!" Mas este trecho do livro *A genealogia da moral* exemplifica claramente a maneira como eu lidava com minhas dores:

> Os sofredores são todos horrivelmente dispostos e inventivos, em matéria de pretextos para seus afetos dolorosos; eles fruem a própria desconfiança, a cisma com baixezas e aparentes prejuízos; eles revolvem as vísceras de seu passado e seu presente atrás de histórias escuras e questionáveis, em que possam regalar-se em uma suspeita torturante e intoxicar-se do próprio veneno de

maldade; eles rasgam as mais antigas feridas, eles sangram de cicatrizes há muito curadas, eles transformam em malfeitores o amigo, a mulher, o filho e quem mais lhes for próximo. "Eu sofro: disso alguém deve ser culpado", assim pensa toda ovelha doente.[27]

Eu era uma ovelha doente, mas não me dava conta. Passei a pensar mais sobre os meus ressentimentos. Levava para a análise fatos antigos que ainda me assombravam e percebi como vivia presa a acontecimentos que não podia mudar. Nos casos do meu pai e dos colegas de trabalho, tive a oportunidade de conversar e pedir desculpas, mas existem situações em que não temos essa chance. Todas nós vivemos e vamos viver mágoas, injustiças, derrotas, erros, talvez traumas, que não conseguiremos esquecer. Dores que talvez jamais possamos aplacar, mudar ou apagar. Só nos cabe, mais uma vez, aprender o que essas situações podem nos ensinar.

Quatro meses depois, num sábado à tarde, finalmente tive coragem de pegar novamente o livro de Maria Rita Kehl. Decidi voltar a ler *Ressentimento* desde o início e me confrontar com o que tanto me assustava. A autora explica que o ressentido é aquele que se sente sempre passado para trás, nunca é responsável pelas suas derrotas ou perdas, nunca se vê como um perdedor, e sim sempre como um prejudicado, porque considera que a responsabilidade pelas perdas sofridas é sempre de alguém que o prejudicou.

Kehl cita o filósofo Max Scheler, que chama o estado emocional do ressentido de "autoenvenenamento psicológico".[28] Para ele, o ressentido se ocupa com ruminações acusatórias e fantasias vingativas. O filósofo explica ainda que, uma vez que a pessoa ressentida não consegue esquecer e não pode se vingar nem responder à altura a ofensa sofrida, ela canaliza contra si mesma toda a raiva e a indignação que sente pelo outro. Olhei para os lados e pensei: "Minha nossa, como todos eles sabem que eu sinto isso?!"

Eu lia o livro e a cada página pensava como o ressentimento era uma forma de não aceitar as consequências das escolhas, dos erros e derrotas que experimentei. Foram, claro, situações que não gostei de ter vivido, porque tinha a ilusão, ou o desejo, de ter uma vida perfeita, de ser uma mulher perfeita. Assim, eu permanecia presa ao passado, ruminando as palavras das pessoas que me magoaram, como se nunca pudesse deixar para trás o que aconteceu. Percebi que estava acorrentada à minha incapacidade de esquecer e perdoar, e virei refém da dor da comparação. Para não arcar com as minhas responsabilidades, eu me torturava com a dor de me comparar às outras mulheres, que eu considerava perfeitas, e a uma versão imaginária de mim, a Daiana perfeita que eu queria ter sido.

Esse medo de enfrentar minhas escolhas, meus arrependimentos, meus fracassos e meus erros gerava cada vez mais dor e ódio de mim mesma, e eu manifestava esses sentimentos odiando meu corpo. Há muito sofrimento escondido quando pensamos somente em como a nossa vida poderia ter sido, no que poderíamos ter dito ou feito.

A elaboração do ressentimento – a forma de interromper o círculo vicioso do ódio de si mesma e da autocomiseração – começa pela coragem de bancar nossas atitudes e nossos desejos, e de admitir que jamais seremos perfeitas. De nos responsabilizarmos por nossas escolhas. De trocar a culpa e o ressentimento pela coragem e pela responsabilidade. E eu aprendi que uma pessoa só tem coragem e responsabilidade quando é capaz de sentir que tem valor.

---

A elaboração do ressentimento – a forma de interromper o círculo vicioso do ódio de si mesma e da autocomiseração – começa pela coragem de bancar nossas atitudes e nossos desejos, e de admitir que jamais seremos perfeitas.

---

Certas verdades muito incômodas

Eu quero

Mas não consigo

Então eu sofro e me machuco porque
quero

Sofro e me machuco mais e mais,
porque, apesar de sofrer, quero cada
vez mais

Não posso aceitar não ter

Apesar da dor insuportável, não
consigo parar de me machucar

Aprisionada pelos próprios
pensamentos

Quem é essa estranha que vive em mim?

CAPÍTULO 5

# NOSSAS DORES E NOSSA RESPONSABILIDADE

Você está assumindo a responsabilidade pela sua vida?

Você é uma escrava das expectativas dos outros?

Não, eu não estava assumindo certas responsabilidades pela minha vida, porque não era capaz de arcar com as consequências das minhas escolhas. E sim, eu era uma escrava das expectativas dos outros. Como é doloroso admitir isso. Diante dessas duas perguntas incômodas, surgem muitas outras questões.

Qual é a minha responsabilidade pelos meus sofrimentos, desejos, atitudes e escolhas?

Qual é a minha responsabilidade pela culpa, pelo ressentimento e pela inveja que senti por tantos anos?

Qual é a minha responsabilidade por ter odiado o meu corpo por mais de 20 anos?

Por que vivo para atender às expectativas dos outros?

Reconhecer a minha responsabilidade sobre meu sofrimento foi dilacerante mas também incrivelmente libertador – e foi esse processo que deu origem a este livro.

Não pense que foi rápido. O caminho para transformar culpa e vergonha em coragem e responsabilidade teve início em setembro de 2016, quando comecei a encarar minha resistência a admitir certas verdades muito incômodas. Naquele mês, fui a uma palestra do psiquiatra Táki Athanássios Cordás sobre transtornos alimentares e imagem corporal. Em determinado momento ele começou a falar sobre o "apego ao sofrimento" e o "ganho secundário" dessas doenças mentais.

Minha primeira reação foi ficar enfurecida. Como pode um médico dizer que alguém tem um ganho ao sofrer? Eu me senti ofendida de uma forma que não sabia explicar, como se ele estivesse me dizendo: "Olha só, Daiana, você tem apego ao seu sofrimento, você de alguma maneira tem ganhos ao ter transtorno alimentar." Enquanto eu me remexia inquieta na cadeira, ele começou a explicar que apego e que ganhos são esses. Logo entendi por que eu estava tão incomodada em ouvir aquelas palavras. Eu só pensava na máxima de Nietzsche: "Quanta verdade consigo suportar?"

Sabe quando estamos em um relacionamento amoroso buscando o amor mas ele não vem? Sabemos que não vai dar certo, mas temos muita dificuldade para sair da relação. Não conseguimos imaginar a nossa vida sem aquele amor e ficamos presas. O pensamento é: eu quero amor, mas ele não vem, então eu sofro e me machuco porque quero, depois sofro e me machuco mais porque, apesar de sofrer, quero cada vez mais e não posso aceitar não ter. Assim, apesar da dor insuportável, não consigo parar de me machucar.

Quando o Dr. Cordás explicou esse modo de agir, meus olhos se encheram de lágrimas, que vieram carregadas de uma verdade que eu ainda não estava pronta para suportar. Meu funcionamento mental era exatamente como ele tinha explicado. Quero ser magra, mas não consigo, então me machuco porque quero, sofro e me machuco mais e mais, porque, apesar de sofrer, quero cada vez mais ser magra e não posso aceitar não ser. Apesar da dor insuportável, eu não conseguia parar de me machucar.

É a dinâmica do sofrimento que muitas pessoas já me contaram em e-mails e mensagens.

Funciona assim:

1. Eu me sinto vazia e preciso me encher de comida/bebida/drogas/compras.
2. Então me sinto triste, culpada e envergonhada por ter comido/bebido/usado drogas/comprado.
3. Em seguida me machuco ainda mais com pensamentos ou ações – por exemplo, provocando uma dor física por meio de remédios ou cortes.
4. Imagino que essa dor vai aliviar o sofrimento inicial, mas isso não acontece.
5. Por fim, acabo me sentindo cada vez mais envergonhada, culpada e cada vez mais triste e vazia.

Se você já agiu ou se sentiu assim, calma, você não está sozinha. Esse círculo vicioso do sofrimento faz parte da vida de muita gente. A pessoa quer sair da doença, mas não consegue porque se apegou àquele modo de viver. Então ela se transforma no próprio sofrimento, não consegue perceber que a dor é, sim, *parte* da vida, mas não é *toda* a vida. É como se ela usasse uma lente através da qual só conseguisse ver sofrimento. Nessa hora é preciso ter coragem e responsabilidade para examinar a situação e perceber se existe algum tipo de ganho secundário.

## Apego ao sofrimento e ganho secundário

Quando uma pessoa está doente, ela recebe atenção. Ela sofre, chora, se queixa, briga, às vezes é agressiva, outras vezes é melancólica, e como resultado chama a atenção, ganha a consideração do outro. Sim, infelizmente, às vezes nós nos fazemos de vítima para receber amor, atenção, carinho, cuidado, uma palavra de consolo, um olhar piedoso. Muitas vezes, no papel de sofredora, você evita que os outros tenham comportamentos que a desagradam, porque eles temem piorar a sua situação. As pessoas fazem coisas por você que não fariam se você não estivesse doente, e esse é um ganho secundário.

É bem possível que neste momento você esteja com raiva de mim, assim como eu senti raiva de todas as pessoas que me fizeram encarar essa dor.

Mas preciso dizer isso a você porque sei como é estar no seu lugar. Tente não ler essas palavras com julgamento, e sim com abertura e curiosidade para descobrir se em algum momento você age – ou já agiu – assim.

---

As pessoas fazem coisas por você que não
fariam se você não estivesse doente,
e esse é um ganho secundário.

---

É libertador ter a oportunidade de pensar sobre nós mesmas. Eu tinha apego pelo ódio ao meu corpo. Era como se aquele sofrimento fizesse parte de mim e eu não soubesse viver sem estar em guerra com minha imagem corporal e com a comida. Odiar o meu corpo havia se transformado em grande parte da minha identidade, de quem eu era.

Alguns meses depois daquela fatídica palestra do Dr. Cordás, uma amiga me indicou o livro *O poder do agora*, de Eckhart Tolle, e li um trecho que imediatamente enganchou em mim:

> Observe a resistência dentro de você. Observe o seu apego ao sofrimento. Esteja muito alerta. Observe como é estranho ter prazer em ser infeliz. Observe a compulsão de falar ou pensar a esse respeito.[29]

Pensei: "Caramba, não é possível! De novo esse assunto?!" Novamente eu me senti ofendida! Como assim "ter prazer em ser infeliz"? Esse Eckhart Tolle é um doido! Mas a frase seguinte me tocou de uma forma que eu não sabia explicar: "Observe a compulsão de falar ou pensar a esse respeito." Comecei a observar e pensar. Imprimi esse trecho do livro e colei no meu closet. Todos os dias, quando ia me vestir, mesmo contrariada, eu lia e refletia, até que as respostas começaram a surgir.

Desde os 12 anos eu tinha uma clara compulsão de falar e pensar sobre o meu corpo e sobre comida, e isso piorou muito depois que criei o canal

EuVejo no YouTube, em 2016. Eu entrevistava pessoas, falava, estudava, escrevia todos os dias sobre corpo e comida, corpo e comida, corpo e comida. Não havia outro assunto na minha vida. Mais de 300 mil pessoas assistiram ao meu primeiro vídeo. Eu dava entrevistas em muitos programas de TV, rádio, jornais e revistas, milhares de pessoas me escreviam, algumas dizendo que amavam a minha iniciativa e se sentiam acolhidas pelos meus vídeos, outras me criticando e algumas me ofendendo.

Sabe o que aconteceu? Comecei a piorar.

Os anos de 2016 e 2017 foram muito difíceis, porque eu havia transformado a minha doença na minha missão de vida e na minha profissão. A dor que vivera escondida em mim por mais de 20 anos agora era pública, era a minha "bandeira", e passei a me sentir uma porta-voz dos transtornos alimentares. Eu me tornei vítima do meu sofrimento e da opinião dos outros, mas ao mesmo tempo recebia atenção e reconhecimento pelo meu trabalho. Eu estava cada vez mais apegada a um sofrimento que não queria mais, mas que gerava um ganho secundário, e por isso acreditava que não tinha o direito de parar de sofrer.

Como recebia muitas mensagens com as histórias de sofrimento das minhas leitoras, internalizei, sem perceber, a ideia de que quanto mais eu sofresse, mais poderia falar sobre o sofrimento de odiar o corpo e mais me identificaria com a dor das pessoas que me procuravam. Era como se, para "merecer" que assistissem aos meus vídeos e lessem o meu livro, eu precisasse sofrer cada vez mais. Também comecei a me sentir culpada por sofrer menos do que as pessoas que me escreviam e por ter o privilégio de ter acesso ao tratamento médico, psicológico e nutricional adequado.

Mergulhei no perigoso círculo vicioso sobre o qual conversamos no capítulo anterior: sentimento de culpa que leva à necessidade de autopunição. Comecei a comer sem parar. Comia "para provar aos outros que estava curada", comia para engordar e assim me sentir "autorizada" a falar sobre aceitação corporal. Passei a viver ainda mais escravizada pela expectativa alheia.

Foram necessárias muitas sessões de análise para que eu compreendesse que a culpa que estava sentindo era um sentimento completamente narcísico: a necessidade de aprovação e de validação dos outros, a necessidade de me sentir amada e agradar a todas as pessoas.

Spoiler: isso é impossível.

Eu estava em busca da cura, mas, por causa do meu canal e do livro (que lancei em 2017), entendia que não podia me curar. Eu estava me vitimando e colocando a culpa do meu sofrimento no trabalho que escolhi fazer.

Eu não estava me responsabilizando pelas minhas escolhas.

## Assumindo o papel de vítima

Antes de tudo, quero que você saiba que existe uma diferença enorme entre *ser vítima* e *assumir o papel de vítima*. Não podemos confundir doenças sérias, como os transtornos mentais – entre eles os transtornos alimentares, que têm causas biológicas, genéticas, psicológicas, socioculturais e familiares –, com a vitimização a que me refiro.

Coisas terríveis podem acontecer na nossa vida e todos estamos suscetíveis a nos tornar vítimas de alguma maneira. Violência de todos os tipos, abusos físicos ou emocionais, doenças físicas e mentais... estamos sujeitos a muitas situações sobre as quais não temos controle, e a fatos dolorosos que podem acontecer conosco ou com as pessoas que amamos. Isso é *ser vítima*, e todos seremos vítimas de algo em algum momento da vida. Entretanto, *assumir o papel de vítima*, vestir a armadura de vítima e viver com o complexo de vítima é bem diferente e tem um potencial devastador. Precisamos estar atentos para não permitir que isso aconteça.

Como você já deve ter percebido, os livros têm um papel importantíssimo no meu caminho de cura, e foi a Dra. Edith Eger, no livro *A bailarina de Auschwitz*, quem me ensinou a diferença entre ser vítima e assumir o papel de vítima. Edith Eva Eger era uma bailarina de 16 anos quando o exército alemão invadiu o vilarejo onde ela morava com a família na Hungria. Seus pais foram enviados à câmara de gás, mas ela e a irmã sobreviveram.

Edith viveu anos em um campo de concentração, passando fome e sendo submetida a trabalhos forçados. Foi encontrada por soldados americanos em uma pilha de corpos dados como mortos. Ela sofreu diversos sintomas de estresse pós-traumático até os 50 anos, quando iniciou um longo processo de cura. Mesmo depois de tanto sofrimento e humilhação nas mãos dos nazistas, ela escolheu perdoá-los.

O mais curioso para mim é que Edith era atormentada pela culpa de ter sobrevivido depois de ter visto os pais sendo levados para a morte e de ter visto tantas pessoas morrendo. Ela precisou se perdoar pela culpa de estar viva. Hoje Edith é doutora em psicologia e já trabalhou com veteranos de guerra e vítimas de trauma físico e emocional. Aos 90 anos escreveu *A bailarina de Auschwitz* e continua atendendo pacientes em sua clínica, na Califórnia. Com base em tudo que viveu e em sua experiência clínica, Edith afirma que sofrer é inevitável e universal, mas que a maneira como reagimos ao sofrimento varia:

> Ser vítima é algo que vem de fora. (...) Em contrapartida, o complexo de vítima vem de dentro. Ninguém pode fazer você se sentir inferior, a não ser você mesmo. Nós nos tornamos vítimas não pelo que acontece conosco, mas quando escolhemos nos agarrar ao sofrimento.[30]

Ela conta que percebeu que estava agarrada ao sofrimento, e por isso, mesmo livre dos campos de concentração havia décadas, não se sentia livre. Continuava aprisionada, só que agora pelos próprios pensamentos.

Em outro trecho ela escreveu:

> Se você me perguntasse qual é o diagnóstico mais comum entre as pessoas que atendo, eu não diria depressão ou transtorno de estresse pós-traumático, embora essas doenças sejam bastante

recorrentes entre aqueles que conheço, amo e oriento para a liberdade. Eu diria que é a fome. Temos fome. Fome de aprovação, de atenção, de afeição. Temos fome de liberdade para aceitar a vida e para realmente nos conhecermos e sermos nós mesmos.[31]

Depois de tudo que Edith viveu e superou, ela deixa claro que não há um modelo de cura que sirva para todos, mas existem passos que podem ser aprendidos e praticados, o que ela chama de "passos da dança da liberdade": "Meu primeiro passo na dança foi assumir a responsabilidade por meus sentimentos."[32]

Para nos libertarmos do papel de vítima precisamos deixar de acreditar que temos os maiores e mais complexos problemas do mundo. Não estou dizendo que você não sofre ou que sua dor não é legítima. O que quero que você compreenda – porque foi um aprendizado muito importante no meu caminho – é que os nossos problemas são comuns a milhares de pessoas. Não estamos sozinhas na nossa dor, seja ela qual for.

Neste exato momento, muitas pessoas no mundo todo estão vivendo uma dor igual ou muito parecida com a sua. Mas, quando estamos acorrentadas a uma dor, em geral não conseguimos pensar em mais nada, nos sentimos isoladas, achamos que estamos sofrendo de uma dor insuperável que ninguém mais sente. E isso não é verdade. Não temos como medir se a minha dor é maior ou menor que a sua. Não existe uma "hierarquia do sofrimento". Não estamos em uma competição de quem sofre mais.

Entender que estamos todas conectadas pela humanidade compartilhada, que sofrer faz parte da vida e que não estamos sozinhas nos ajuda a abandonar o papel de vítima. Todas as pessoas já se sentiram injustiçadas, rejeitadas, já foram magoadas e feridas. Você não é a única. Eu também não. Saber disso não faz a dor sumir, mas nos ajuda a acolher a dor, a pensar sobre ela e a suavizar o sofrimento que parecia insuportável.

Viramos nossas piores inimigas quando não temos consciência da nossa responsabilidade por nossos comportamentos, pensamentos, sentimentos e sofrimentos. Podemos facilmente assumir o papel de vítima pela culpa e pela vergonha que sentimos por certas escolhas e atitudes. Quando desempenhamos esse papel, acabamos nos transformando em nossas queixas. Reclamamos o tempo todo. Do chefe, do marido, dos filhos, da sogra, da amiga, da vizinha, dos funcionários, da moça do caixa, dos colegas de trabalho. O problema é sempre o outro. O outro é tóxico, invejoso, mentiroso, falso. O outro quer me prejudicar. Se não fosse meu chefe, eu seria bem-sucedida; se não fossem meus pais, eu seria mais confiante. O problema é sempre um outro alguém. E a minha responsabilidade nisso tudo, cadê?

---

Podemos facilmente assumir o papel de vítima pela culpa e pela vergonha que sentimos por certas escolhas e atitudes. Quando desempenhamos esse papel, acabamos nos transformando em nossas queixas.

---

Diante do sofrimento temos dois caminhos: o do vitimismo, que considero um caminho pavimentado por medo, desamparo, culpa, vergonha, ressentimento, inveja e vazio; e o da coragem e da responsabilidade. Este último foi o caminho que eu decidi trilhar. E quero muito que você venha comigo.

## Coragem e responsabilidade

Não temos culpa da dor a que fomos submetidas, mas temos responsabilidade sobre o que vamos fazer com ela: podemos transformá-la em sofrimento eterno ou em coragem e aprendizado para seguir em frente.

Em outras palavras, eu não tive culpa de ter desenvolvido um transtorno alimentar, mas fui a responsável por ter permitido que essa dor mandasse na minha vida por tanto tempo. Quando tive a coragem de assumir que precisava de ajuda e tratamento médico e encarei a responsabilidade de admitir que, sim, algumas vezes adotei o papel de vítima, eu encontrei o caminho da cura.

Precisei ter a coragem e a responsabilidade de vasculhar a vergonha, a inveja, o vazio, a culpa e o ressentimento que eu sentia para entender quem eu sou de verdade. Como já contei ao longo do livro, descobri coisas muito dolorosas a meu respeito, mas só assim pude confrontar os sofrimentos que escolhi perpetuar. É preciso ter coragem de acolher e aceitar quem somos, para então termos a chance de mudar.

---

> Precisei ter a coragem e a responsabilidade de vasculhar a vergonha, a inveja, o vazio, a culpa e o ressentimento que eu sentia para entender quem eu sou de verdade.

---

Como assim me aceitar e mudar? Calma, eu sei que é complicado. Demorei para entender tudo isso. Se eu me aceito, teoricamente, é porque não quero mais mudar nada, certo? Errado. Essa foi a descoberta mais linda da minha jornada. Nunca estaremos prontas, estamos em constante transformação. Mudar faz parte da vida, por isso é preciso acolher e aceitar nossos sentimentos, inclusive os obscuros, para então conquistar a responsabilidade para mudar.

Sem responsabilidade, só haverá sofrimento. Só haverá a culpa para ser atribuída aos outros. Precisamos aceitar quando fomos nós que criamos a difícil situação que estamos enfrentando. Temos que perguntar: Quais foram as escolhas que fiz que me colocaram nessa situação? E agora, quais são as escolhas que posso fazer para melhorar essa situação?

Responsabilidade é bancar os seus desejos e as consequências deles. Arcar com o que escolheu fazer para atender às suas vontades. E isso é extremamente complicado, muito mais do que pensamos. Em geral, tomamos certas atitudes, nos arrependemos e passamos a sentir uma culpa terrível que nos pune e nos tortura. Então, rapidamente, procuramos alguém para responsabilizar e aliviar a nossa culpa. Não me diga que você nunca viveu algo assim.

---

Sem responsabilidade, só haverá sofrimento.
Só haverá a culpa para ser atribuída aos outros.
Precisamos aceitar quando fomos nós que criamos
a difícil situação que estamos enfrentando.

---

A minha dificuldade de lidar com minhas escolhas ficou muito clara quando li dois livros do psiquiatra e psicanalista Jorge Forbes: *Você quer o que deseja?* e *Inconsciente e responsabilidade*. Forbes cita a máxima de Jacques Lacan "Por nossa condição de sujeito somos sempre responsáveis"[33] e destaca que isso se dá sempre, não de vez em quando ou dependendo da intenção, do conhecimento ou de qualquer outra variável. "Se o sujeito é sempre responsável, não haverá sujeito sem responsabilidade."[34]

Sabe quando você lê ou ouve uma frase e ela fica reverberando por dias, meses na sua cabeça? Foi o que aconteceu comigo. Eu precisava me responsabilizar por todos os meus desejos, escolhas e atitudes. Não por alguns, não de vez em quando, mas por todos, sempre.

Percebi como estava sendo irresponsável em relação a várias coisas. Eu sentia dor na coluna, mas não fazia fisioterapia como o médico havia recomendado e reclamava que a dor não passava. Eu me queixava que não conseguia evoluir na meditação, então colocava a culpa na ansiedade ou na falta de tempo, mas a verdade é que eu não me empenhava para meditar. Eu queria terminar de escrever este livro, mas não trabalhava nele todos os dias, sempre inventava uma desculpa. Fiquei com vergonha de mim mesma ao me deparar com essas constatações e perceber que sempre procurava algo ou alguém no qual colocar a culpa e assim não encarar minhas escolhas.

Nos livros de Jorge Forbes e em uma entrevista que ele concedeu ao meu canal em novembro de 2019, aprendi também que vivemos angustiadas pela dificuldade de tomar decisões. Forbes criou o termo "o homem desbussolado" para explicar como os seres humanos se sentem perdidos: "Sofremos uma revolução no advento da globalização e assim perdemos o norte, a bússola."[35]

Nunca tivemos tantas possibilidades, e isso, para algumas pessoas, em vez de liberdade, gera angústia. Isso acontece porque, se temos 10 opções e só podemos escolher uma, significa que deixamos nove para trás. Não conseguimos ser felizes com a decisão que tomamos porque pensamos muito mais nas nove opções que "perdemos". Isso é extremamente angustiante e causa cada vez mais medo de decidir. Forbes diz: "Não há decisão que não seja arriscada e que não induza à perda."[36] Mas também: "Não há como transformar a vida em algo irresponsável, insosso, inodoro, incolor, em que tudo teria hora e lugar predeterminados."[37]

Estamos diante de uma nova escolha. Podemos continuar sendo mulheres desbussoladas, angustiadas e culpadas, ou podemos ter a coragem de nos responsabilizar por nossas decisões. Se queremos mudar, não podemos mais levar a vida no piloto automático, sem pensar sobre nós mesmas. Só nós somos capazes de corrigir a rota da nossa existência. E não se engane, vamos fazer isso o tempo todo, todos os dias. Diante dos problemas, sempre teremos estas duas opções: culpar (a nós mesmas, o outro ou algo) ou assumir a responsabilidade.

Uma pessoa se torna responsável quando passa a ser íntima de seus desejos, pensamentos e sentimentos. Quando não se sente mais uma estranha em relação a si mesma. Quando consegue perceber a angústia chegando, a raiva ardendo, a inveja corroendo, a vergonha apequenando. Ser responsável e se tornar íntima de si mesma não significa que você poderá evitar, controlar ou compreender totalmente essas emoções. Significa que terá a capacidade de pensar sobre o que está acontecendo, de diferenciar a dor real do sofrimento que você mesma criou e de decidir como vai reagir em relação a tudo isso.

> Uma pessoa se torna responsável quando passa
> a ser íntima de seus desejos, pensamentos e
> sentimentos. Quando não se sente mais uma
> estranha em relação a si mesma. Quando consegue
> perceber a angústia chegando, a raiva ardendo, a
> inveja corroendo, a vergonha apequenando.

Não há como viver uma vida sem tomar decisões, por isso viveremos sempre a angústia das nossas escolhas. Sempre perderemos algo. Muitas vezes, iremos tomar decisões que não queremos e nos arrependeremos de certas atitudes – e tudo bem! Ninguém passa pela vida sem errar ou sem se arrepender de algo. Mas, ao trocar culpa e ressentimento por coragem e responsabilidade, você aprende com as suas escolhas em vez de carregá-las como um fardo por anos e anos.

Não pense que eu me tornei um ser iluminado e me livrei da angústia, da ansiedade, do medo e hoje vivo levitando de alegria. Óbvio que não, e nem acredito que isso exista. Eu simplesmente consigo ter mais calma para pensar e sentir o que está me angustiando, causando medo ou ansiedade. Hoje consigo entender que a vida envolve sacrifício, renúncia e sofrimento. Não espero mais ter uma vida plena de prazer, alegria e serenidade. Essa ideia de vida plena é uma criação de marketing, uma ficção, uma fantasia. Teremos, sim, momentos de muita alegria, felicidade, prazer e serenidade ao longo da vida, mas não todos os dias, muito menos o tempo todo.

Viver com responsabilidade também é ter a coragem de não atender às expectativas dos outros, de não agradar, de ser detestada.

## Escravas das expectativas dos outros

Muita gente não gosta de mim. Muitas pessoas detestam tudo que eu falo nos meus vídeos, escrevo nos livros e nas redes sociais. Existem pessoas que não gostam de mim porque eu falo a respeito de dores sobre as quais elas não toleram ouvir. Outras acham que falar sobre saúde emocional e autocuidado é frescura, bobagem. Há ainda aquelas que nem me conhecem, mas não gostam do meu trabalho porque manter as mulheres aprisionadas no desconforto com sua imagem corporal dá muito lucro para elas. E, por fim, há as que não gostam porque não gostam e pronto. Enfim, existem muitos motivos para as pessoas não gostarem da gente e não temos o menor controle sobre isso.

O problema é que a dor que sentimos quando alguém não gosta de nós é dilacerante. Se uma pessoa diz algo que nos magoa, ficamos ruminando aquelas palavras por dias, meses, anos, às vezes décadas. Talvez a pessoa que nos feriu nem se lembre mais do que disse, mas quem foi ferido dificilmente esquece.

Precisamos aprender que, enquanto a nossa vida girar em torno da necessidade de agradar e de satisfazer as expectativas dos outros, teremos uma existência angustiante, dolorosa e insuficiente. Como diz o psicanalista Contardo Calligaris:

A dificuldade do narcisismo moderno não reside na tarefa de agradar, mas na perpétua insegurança. É inevitável: se a tarefa da vida for agradar aos outros que nos importam, nenhum olhar será definitivo, nenhum elogio e nenhum amor bastarão.[38]

Enquanto vivermos apenas em busca de elogio e aprovação, vamos nos sentir sempre inadequadas, com medo de desagradar e com medo do julgamento dos outros.

Já conversamos nos capítulos anteriores sobre essa necessidade de sermos amadas e aprovadas. É da natureza humana querer o reconhecimento, o amor, a atenção, mas não podemos esperar isso de todos o tempo todo. Se a sua autoestima e o seu amor-próprio dependerem 100% do elogio de outra pessoa, você vai sempre sofrer terrivelmente.

O livro *A coragem de não agradar*, de Ichiro Kishimi e Fumitake Koga, é um diálogo fictício entre um jovem e um filósofo. Durante a conversa deles, temos uma série de ensinamentos sobre o valor que damos a nós mesmas e o valor que deixamos os outros atribuírem a nós. Os autores dizem que ser elogiado significa, essencialmente, ser julgado como "bom" por outra pessoa. E, nesse caso, a medida do que é bom ou ruim é critério dessa pessoa. Se você está atrás de elogios, precisará se adaptar aos critérios de outras pessoas e tolher a própria liberdade.

Um dos meus trechos favoritos é este:

> Filósofo: (...) Quando você busca o reconhecimento alheio e só se preocupa com o julgamento que vão fazer de você, acaba vivendo a vida das outras pessoas.
>
> Jovem: Pode explicar melhor?
>
> Filósofo: Quando você deseja muito ser reconhecido, acaba vivendo para satisfazer as expectativas das pessoas que querem que você seja isso ou aquilo. Em outras palavras, você joga fora quem realmente é e vive a vida alheia. E lembre-se: se você não vive para satisfazer as expectativas dos outros, as pessoas não vivem para satisfazer as suas. Alguém pode não agir do modo que você gostaria, mas você não deve se irritar com isso. É natural.[39]

Em outro trecho, o filósofo diz:

> A coragem de ser feliz também inclui a coragem de ser detestado e de agir sem se preocupar em satisfazer as expectativas dos outros. Quando você adquire essa coragem, seus relacionamentos ganham uma nova leveza.[40]

Confesso que ainda é um desafio não me abalar com a opinião dos outros sobre mim, mas já consigo sofrer menos e esquecer as mágoas mais rápido. Antes, as pessoas que me magoavam ou me rejeitavam passavam a viver na minha cabeça. Era um inferno. Eu não parava de pensar, como aconteceu no caso da briga que tive no trabalho e que demorei 10 anos para elaborar.

Também é imprescindível pensar sobre o peso que atribuímos ao elogio e à crítica. Mesmo que você receba cem elogios, se ouvir apenas uma crítica, esquecerá imediatamente todos os elogios e só conseguirá pensar naquela crítica, que será considerada uma ofensa terrível, um insulto. Eu sou assim e aposto que muitas pessoas se sentem da mesma forma. Não suportamos saber que alguém pensa algo negativo em relação ao que somos ou fazemos.

Aqui temos dois pontos importantes para conversar. Primeiro: nem toda crítica é um insulto. Erramos e fazemos coisas não tão boas muitas vezes ao longo da vida. É normal que apontem nossos erros e falhas para que possamos melhorar, aprender, crescer. Precisamos ter responsabilidade para diferenciar a crítica da ofensa.

Segundo: lembra de quando contei como se forma a nossa psique? Somos fruto da realidade em que somos criadas. O que uma pessoa pensa sobre nós depende muito mais do que ela tem como repertório de vida do que das nossas atitudes. As pessoas nos julgam e nos avaliam conforme as possibilidades de desenvolver seus próprios pensamentos. Então, sempre que você se sentir julgada ou insultada, reflita se o outro está mesmo falando de você ou se está apenas expressando uma parte de si mesmo.

---

As pessoas nos julgam e nos avaliam
conforme as possibilidades de desenvolver
seus próprios pensamentos.

---

Você também julga, critica ou tira conclusões sobre as pessoas sem saber a história de vida delas, certo? Se você faz com outros, por que os outros não fariam com você? Rotular as pessoas dessa forma é uma espécie de violência. Como podemos tirar conclusões se mal conhecemos quem estamos julgando?

Curiosamente, ao mesmo tempo que temos pavor de ser criticados, temos fome de atenção. Nada pior do que uma vida em que você não fez nada e não disse nada por medo de não agradar. Não seria melhor ter uma vida em que você se arriscou, fez coisas e disse coisas das quais pode se arrepender? É sinal de que você viveu! Por que não se perdoar por uma má escolha? Talvez realmente tivesse sido melhor não ter vivido determinada situação? Ok! Nesse caso, você tem a responsabilidade de pedir perdão e se perdoar. "Me desculpe" e "Me perdoe" são palavras mágicas. Para algumas pessoas, são as palavras e frases mais difíceis de dizer.

Não esqueça: viver é correr riscos, é não agradar a todos, é errar, é fracassar, é se arrepender, é pedir perdão, é aprender com os erros, é ser responsável por lidar com o nosso vazio, as nossas dores e as nossas escolhas, é ter a coragem e a criatividade de inventar as soluções para a nossa vida. A vida não vem pronta, não tem manual de instruções, guia ou GPS, mas cada uma de nós deve ter a coragem e a responsabilidade de arcar com as consequências de nossos desejos e nossas escolhas.

Para seguirmos adiante, eu quero muito que você pense sobre como a palavra "responsabilidade" ecoa em você. Quando falo sobre ter responsabilidade pelo apego ao sofrimento, pelo ganho secundário, pelos nossos desejos e atitudes, em um primeiro momento você pode ficar com raiva, se culpar por nunca ter pensado sobre isso e ter deixado o sofrimento tomar conta da sua vida. Eu senti muita raiva de mim mesma quando comecei a aprender essas coisas. Passei por um período de ainda mais vergonha, culpa e sensação de incapacidade porque achei que nunca seria capaz de elaborar tudo isso. Mas não existe outro caminho para quem deseja se responsabilizar pela própria vida. Como diz Pema Chödrön: "Permanecer ignorante por não ter coragem e respeito de olhar para si mesmo com honestidade e brandura é a agressão mais básica, o mal mais fundamental que podemos causar a nós mesmos."[41]

Por isso, lembre-se destas palavras: ter responsabilidade é ter respeito por você. Não é ódio por você, nem autopunição por sentir-se incapaz diante da vida. Autorresponsabilidade envolve autocompaixão, coragem e a responsabilidade de mudar porque você ama e respeita a si mesma.

Somos bondade e crueldade

Suavidade e agressividade

Indiferença e consideração

Amor e ódio

Generosidade e egoísmo

Inveja e admiração

Às vezes sensatas, outras levianas

Somos ambiguidade,
impermanência, imperfeição

## CAPÍTULO 6

# E AGORA, O QUE EU FAÇO COM TUDO ISSO?

Até 2016, quando minha caminhada começou, eu pouco sabia sobre a estranha que vivia em mim. Desde então, estou aprendendo a lidar com tudo que escrevi neste livro. Escrevo sobre o que mais preciso compreender e sei que esse aprendizado será longo, lento e interminável. Estou acomodando dentro de mim uma parte de nossa humanidade que não paramos de negar e esconder: a parte obscura de nós mesmas. E, ao mesmo tempo, suavizando em meu coração a necessidade de aprovação, atenção, carinho e amor, aceitando que jamais terei isso tudo o tempo todo. Estou aprendendo a conviver com a minha angústia e os meus medos.

Falamos sobre inveja, culpa, raiva, ódio, ressentimento, voracidade e a perpétua sensação de insuficiência, que costumo traduzir como "sensação de inadequação/fracasso/vergonha/culpa/insegurança/vazio/desamparo". Essa negatividade, não há como negar, também faz parte de nós.

O início deste aprendizado só foi possível depois que comecei a desenvolver intimidade com o que eu tenho de pior, para assim ser capaz de sentir o que tenho de melhor. Como disse na introdução, escrevi este livro para lhe dar a coragem de sentir o que está acontecendo dentro de você neste momento. Eu não tinha essa coragem, mas aprendi a ter. Escrevi para que possamos sentir a ambiguidade e a impermanência que é ser humano. Assim, aprendemos a acolher nosso lado bruto ao mesmo tempo que descobrimos que em nós também existe bondade, carinho, responsabilidade, paciência, compaixão, amor-próprio, capacidade para pedir perdão e perdoar – aos outros e a nós mesmas.

O mais belo aprendizado dessa caminhada foi compreender que existe uma forma de viver que não é baseada em vergonha, inveja, ressentimento, comparação, autodepreciação, autojulgamento feroz, autoaversão, ódio e autopunição, o que chamo de *modo odioso de viver*, e sim em autorrespeito, autobondade, autogentileza, autocompaixão, aceitação, responsabilidade, coragem, conexão e amor, o que chamo de *modo respeitoso de viver*.

Antes, eu pensava que a única forma de atingir a felicidade na vida pessoal e a realização profissional era me tratando com rigidez extrema, autocrítica e autojulgamento. Eu queria ser – ou me sentir – perfeita, para nunca mais ser – ou me sentir – humilhada e rejeitada, mas o idealizado "caminho da perfeição" me levou para a autoaversão.

Eu sentia raiva de mim mesma por não ser suficiente. Sentia ódio quando não era "a melhor" e não imaginava a possibilidade de atingir meus objetivos sem viver desse *modo odioso*, emaranhada em culpa, vergonha, inveja, ressentimento, comparação e autopunição. Eu só sabia viver sendo a minha pior inimiga. Hoje sou capaz de me perceber feliz porque escolhi viver de *modo respeitoso*, me tratando com doses iguais de responsabilidade e respeito, bondade e amor.

Entretanto, não se engane. Não me tornei um ser iluminado, não encontrei a "felicidade plena", não me sinto "completa" nem estou aqui para dizer o que você deve fazer para encontrar a satisfação eterna. Recomendo, veementemente, que você abandone essas crenças, porque a ideia de "viver a plenitude" ou ser "feliz para sempre" não reflete a realidade da vida humana.

---

Recomendo, veementemente, que você abandone essas crenças, porque a ideia de "viver a plenitude" ou ser "feliz para sempre" não reflete a realidade da vida humana.

---

Hoje me sinto feliz não porque parei de sofrer, mas porque aprendi a aceitar e acolher o que acontece em minha vida. Perceba que eu não disse "sou plenamente feliz", e sim "me sinto feliz". Existe uma enorme diferença nisso. Eu me sinto feliz em alguns momentos, e há dias em que me sinto muito triste.

Viver exige a coragem de acolher a infelicidade, o medo, a angústia, a dor. Mas como uma vida pode ser feliz se há infelicidade, medo, angústia, dor? Parece contraditório, mas é justamente ao aceitar e acolher a infelicidade, a angústia, o medo, a dor, o fracasso, a vulnerabilidade, a impermanência, a ambivalência e a imperfeição de ser humano que podemos viver mais momentos de felicidade.

Não tente entender rapidamente. Eu demorei anos para compreender, acreditar, aceitar e sentir a vida dessa maneira. Vou explicar melhor.

## O modo odioso

Eu não suportava mais ser como eu era, continuar vivendo naquela dor. Para mudar, tive que me abrir e aprender com o sofrimento. Eu disse "sim" para a minha dor, a minha vergonha, a minha inveja e a minha angústia; eu disse "sim" para a culpa, o ressentimento, o medo e a sensação de insuficiência. Dizer "sim" é aceitar que esses sentimentos estão aqui. Dizer "não" é tentar negá-los, e, quando tentamos negar que esses sentimentos estão dentro de nós, estamos negando a própria condição humana.

Claro que não gostamos de sentir isso, não queremos sentir nada disso, entretanto não temos como fugir. Ao dizer "sim", abrimos um espaço para suavizar a dor. Quando aceitei a pessoa imperfeita que sou, desenvolvi a coragem e a responsabilidade para mudar. O psicólogo norte-americano Carl Rogers tem uma frase que ficou gravada em mim: "O curioso paradoxo é que, quando me aceito exatamente como sou, posso então mudar."[42]

Eu mudei muito nos últimos quatro anos. Se você assistir ao primeiro vídeo do meu canal no YouTube, encontrará uma mulher que tinha ódio do próprio corpo e sentia-se aprisionada na sensação de inadequação/fracasso/vergonha/culpa/insegurança/vazio/desamparo. Era como se eu estivesse presa numa caixa muito apertada. Eu nunca encontrava uma posição para relaxar, vivia com uma sensação constante de ameaça e insegurança e, ao mesmo tempo, tinha a necessidade de parecer sempre alegre para os outros. Em casa, sozinha, só eu sabia do meu segredo doloroso: a dor de se sentir sem valor. Eu não aguentava mais viver assim. Hoje percebo que aquele vídeo foi um pedido de socorro.

Sentir que você não tem valor, que há algo errado com você, é uma dor profunda e silenciosa. É extremamente doloroso se sentir sempre insuficiente, envergonhada e culpada, e, como pouco falamos sobre essa dor – exatamente porque temos vergonha de ser assim –, ela vai nos corroendo, fazendo com que nos sintamos cada vez mais inadequadas. Quando nos damos conta, estamos desconfortáveis no nosso corpo, no nosso trabalho, na nossa casa, na nossa mente, na nossa vida.

No meu modo odioso de viver, eu acreditava que somente a autocrítica feroz conduzia as pessoas ao crescimento pessoal e profissional. Não entendia a aceitação ou a autocompaixão como virtudes e tinha uma profunda resistência a ser amorosa comigo mesma. Pensava que isso era coisa de gente fraca, fracassada, que nunca conquistaria nada na vida.

Meu diálogo interno era: "Preciso ter uma autocrítica obsessiva ou nunca vou chegar aonde quero na vida." Eu acreditava que a autocrítica feroz e o autojulgamento severo eram os melhores motivadores, mas, para mim, não foram. Pelo contrário. Ser a minha pior inimiga só me levou a adoecer. Pensar que quanto mais burra, incapaz e insuficiente você se sentir, mais terá motivação para estudar, trabalhar, melhorar e ter sucesso é uma armadilha muito perigosa. Desenvolvi transtorno alimentar, depressão e por muitas vezes pensei que viver não valia a pena.

---

Ser a minha pior inimiga só me levou a adoecer. Pensar que quanto mais burra, incapaz e insuficiente você se sentir, mais terá motivação para estudar, trabalhar, melhorar e ter sucesso é uma armadilha muito perigosa.

---

É importante deixar claro que existe uma grande diferença entre a autocrítica saudável e a autocrítica obsessiva e odiosa. É essencial ter uma autocrítica saudável e admitir quando precisamos nos empenhar mais para ter melhores resultados. Podemos aprender muito com a nossa voz crítica interior: ela está lá para nos ajudar, para nos responsabilizar pelas nossas atitudes, escolhas e desejos, como já conversamos no capítulo anterior. Mas é importante perceber como é esse diálogo. Como você costuma conversar consigo mesma quando erra ou está em sofrimento?

Existem pensamentos repetitivos que começam a nos perturbar quando sentimos que estamos fracassando. Nos sentimos vulneráveis e envergonhadas e começamos a dizer para nós mesmas:

- Sou incapaz
- Sou inadequada
- Sou medíocre
- Sou burra
- Não mereço ser amada
- Não sou boa mãe/esposa/filha/profissional
- Sou um fracasso
- Sou uma fraude
- Não tenho valor
- Sou fraca
- Não sou ouvida/vista
- Ninguém se importa comigo
- Há algo errado comigo
- Sinto-me sozinha e isolada

Se sua voz interior costuma dizer coisas como essas, saiba que você não está sozinha. Essas frases foram retiradas de mensagens que leitoras me mandaram, de relatos das participantes dos meus workshops e palestras, de livros de especialistas em autocompaixão e aceitação e do meu próprio diálogo interno. Não há dúvida de que nós somos iguais no desejo de ser felizes, amadas, vistas, ouvidas, valorizadas. Há milhares de pessoas que se sentem como você. De alguma forma, ao longo da vida aprendemos a pensar assim sobre nós mesmas e somos levadas a acreditar que perpetuar essas crenças, esse discurso odioso, vai nos levar a algum lugar de sucesso e realização. Posso garantir: não vai. E você ainda corre o risco de adoecer, como eu adoeci.

É importante não se sentir culpada por ter esse tipo de pensamento. Você pode ter aprendido a ser assim, mas, agora que se deu conta, é a única responsável por mudar essa forma autocrítica obsessiva e odiosa de viver. Como? Com autorrespeito, autobondade, autogentileza, autocompaixão, aceitação, responsabilidade, coragem, conexão e amor – o que chamo de *modo respeitoso de viver*. É a aceitação da sua imperfeição e da impermanência da vida.

## Coragem de mudar

Agora que chegamos até aqui, temos a oportunidade de perceber que vivemos sofrimentos reais e imaginários, às vezes nos colocamos no papel de vítima, nem sempre assumimos a responsabilidade pelas nossas escolhas, atitudes e desejos, nos afundamos em ressentimento, inveja, culpa, vergonha, autopunição. Admitir que agimos assim e acolher, com carinho e responsabilidade, toda a contradição da nossa condição humana é a forma mais elevada de cuidado e respeito por nós mesmas.

Você já sabe que viver implica correr riscos, não agradar a todos, errar e acertar, fracassar e ter sucesso, arrepender-se de certas escolhas e orgulhar-se de outras, pedir perdão e perdoar, aprender com nossos erros, encarar o nosso vazio, as nossas dores, as nossas escolhas, e ter a coragem de mudar.

Mas, para ser capaz de implementar qualquer mudança, temos de admitir que adotamos um modo odioso de viver e ter real intenção de mudar. Estou falando da sinceridade da intenção. A intenção de aprender a se cuidar com carinho, com bondade.

Não minta para si mesma. Ninguém pode mudar por você. Você tem que querer. A intenção de mudar, de se tratar de forma diferente, é uma ferramenta que somente você tem. Talvez precise de ajuda médica e psicológica, como eu precisei, se o seu caso for depressão, transtorno de ansiedade, distúrbio alimentar ou qualquer outra doença emocional. Não tenha vergonha, tenha coragem e busque ajuda. Quem vai definir o primeiro passo da sua mudança é você. Ler este livro, postar um trecho bonitinho no Instagram, depois guardá-lo numa estante e voltar a se tratar com ódio não vai ajudar em nada.

---

Quem vai definir o primeiro passo da sua mudança é você. Ler este livro, postar um trecho bonitinho no Instagram, depois guardá-lo numa estante e voltar a se tratar com ódio não vai ajudar em nada.

---

Eu sei que você tem vontade de mudar e não aguenta mais viver desse jeito, mas hoje percebo que eu queria que a mudança acontecesse de forma mágica, sem o meu esforço, sem a minha responsabilidade. Aprendi, entre muitas lágrimas e dor, que só desejar a mudança não muda nada; é preciso pensar, sentir, agir diferente. Convido você a pensar, a sentir no seu corpo os efeitos do modo odioso em que você vive; e, se surgir uma intenção sincera de mudar, permita-se, no seu tempo, conhecer um novo modo de viver.

## O modo respeitoso

Muitas pessoas torcem o nariz quando escutam falar sobre aceitação, autocompaixão, autobondade, amar a si mesma. Eu estava entre elas, e posso imaginar como você está se sentindo neste momento. Pensei muito sobre como apresentar o que chamo de *modo respeitoso de viver* porque eu vivi a resistência a esse conceito. Nos primeiros cursos de compaixão que fiz, eu pensava: "Que saco isso, vou virar uma fracota chorona e só vou piorar." Inicialmente pensei em chamar de *modo amoroso de viver*, mas, se eu dissesse isso, talvez você nem chegasse a ler, porque sei que a ideia de que um dia conseguiremos nos tratar de forma amorosa pode parecer muito distante.

Recebo mensagens que dizem "Eu me odeio, nunca vou aprender a me amar" e percebo que isso acontece porque temos um conceito errôneo sobre o que é amar a si mesma. Pensamos que um dia vamos conseguir nos amar "plenamente". Em outras palavras, "Vou aprender a me amar o tempo todo e nunca mais vou sofrer". Essa ideia, muito parecida com a tal "felicidade plena", nos afasta da realidade humana. Não existe "se amar o tempo todo", assim como não existe "felicidade o tempo todo". Para entender isso, convido você a voltar um pouco no tempo.

Em 1930, Freud já alertava que a felicidade é um fenômeno que se dá em episódios. Em *O mal-estar na civilização*, ele explica que é fácil saber o que as pessoas querem da vida: querem se tornar e permanecer felizes. Para isso, buscam "a ausência de dor e desprazer e a vivência de fortes prazeres e alegria".[43] Acontece que, como conversamos desde o início deste livro, não há possibilidade de vida humana com felicidade permanente e ausência de dor. No melhor dos cenários, ainda que a sua vida seja maravilhosa em todos os aspectos, em algum momento coisas dolorosas vão acontecer. Você vai viver a dor da morte de uma pessoa amada, vai vivenciar limitações decorrentes do envelhecimento, talvez adoecer e, certamente, morrer, por isso não é exagero afirmar que não existe vida sem dor.

Freud afirmou:

> Podemos dizer que a intenção de que o homem seja "feliz" não se acha no plano da Criação. Aquilo a que chamamos "felicidade", no sentido mais estrito, vem da satisfação repentina de necessidades altamente represadas, e por sua natureza é possível apenas como fenômeno episódico.[44]

Ou seja, vamos viver episódios de felicidade ao longo da vida, e não uma sensação de felicidade plena e linear.

Filósofos, psicólogos, psicanalistas, psiquiatras, escritores e pensadores do mundo todo discutem há séculos o que é a felicidade e o que é ser feliz. Existem centenas de livros sobre o tema. Recentemente os professores Mario Sergio Cortella, Leandro Karnal e Luiz Felipe Pondé escreveram juntos o livro *Felicidade: Modos de usar*. Compartilho aqui a opinião deles para pensarmos sobre o conceito de felicidade que criamos para a nossa vida.

Cortella escreveu:

> Há pessoas que dizem: "Um dia eu vou ser feliz", e eu digo: nunca o será. Afinal de contas, a felicidade não é um ponto futuro. A felicidade é um desejo permanente, mas é uma circunstância provisória. Nenhum e nenhuma de nós é feliz o tempo todo. Aliás, uma pessoa que é feliz o tempo todo não é feliz, é tonta.[45]

Pondé ressaltou:

> Eu relaciono a possibilidade de ser feliz a uma certa capacidade de reconhecer em si mesmo a impossibilidade da plenitude, a impossibilidade da perfeição, a impossibilidade do bem absoluto e a impossibilidade de se identificar esse bem.[46]

E Karnal enfatizou a nossa obrigatoriedade de ser feliz:

> Ser feliz é tão obrigatório que ninguém mais pensa em ser feliz, mas apenas em aparentar essa felicidade, o que é uma percepção fina, curiosa e muito perspicaz sobre o nosso mundo.[47]

É como se não houvesse espaço para a infelicidade na sociedade atual. Estamos conversando sobre isso desde a introdução deste livro, quando eu perguntei se pensar em uma vida neutra, com dificuldades e episódios de felicidade, parecia muito pouco, muito simplório para você.

Eu pude voltar a viver quando mudei os conceitos que tinha sobre "ser feliz" e "amar a mim mesma". Parei de acreditar em ser perfeita, em ter a vida perfeita, o corpo perfeito, o emprego perfeito, a família perfeita e passei a acreditar em me perceber feliz, mesmo convivendo com a infelicidade, o medo, a angústia e a dor.

---

Parei de acreditar em ser perfeita, em ter a vida perfeita, o corpo perfeito, o emprego perfeito, a família perfeita e passei a acreditar em me perceber feliz, mesmo convivendo com a infelicidade, o medo, a angústia e a dor.

---

Pioneiros no estudo científico da autocompaixão, com pesquisas realizadas nas mais prestigiadas universidades do mundo, os professores Kristin Neff e Christopher Germer são autores de vários livros sobre o tema. Conheci o trabalho deles em 2017, quando li o livro *Self-Compassion* (Autocompaixão), da Dra. Neff. Quando comecei a ler *The Mindful Path to Self-Compassion* (O caminho da atenção plena para a autocompaixão), do Dr. Germer, empaquei. Demorei muito para concluir a leitura por causa de algumas frases e ideias que naquele momento eu não conseguia digerir. Uma delas é: "Abrace a infelicidade, abra-se para ela." Eu começava a ler, parava, tentava novamente, mas aquilo não fazia sentido para mim. Como assim *me abrir* para a infelicidade? Eu queria *fugir* da infelicidade, eu a queria bem longe de mim. Ele explicava:

Uma nova abordagem é mudar nossa relação com a dor e o prazer. Podemos recuar e aprender a sermos calmos em meio à dor; podemos deixar o prazer ir e vir naturalmente. Isso é serenidade. Podemos até aprender a abraçar tanto a dor quanto o prazer, e cada nuance entre esses dois extremos, vivendo cada momento ao máximo. Isso é alegria. Aprender a passar algum tempo com a dor é essencial para alcançar a felicidade pessoal. Pode parecer paradoxal, mas para sermos felizes devemos abraçar a infelicidade.[48]

Eu concordava, achava a frase linda, mas simplesmente não conseguia sentir isso em meu coração; sentia uma terrível resistência à ideia de aceitar e dizer "sim" para a dor.

Em novembro de 2019 tive a chance de fazer um curso com esses dois autores na cidade de Ann Arbor, nos Estados Unidos. Naqueles dois dias intensos, aprendi que muitas pessoas têm um cadeado enferrujado trancando o coração. Estavam naquele salão 300 homens e mulheres de vários países, culturas, idades, profissões, todos com a mesma intenção: aprender a se tratar com carinho. Pessoas tão diferentes, mas que se tornavam iguais quando os professores pediam que colocássemos a mão na altura do coração e nos permitíssemos aliviar a dor que estivesse presente. Nesses momentos quase todas as pessoas iam às lágrimas, porque cada uma delas tinha uma dor para acolher. Eu não conheço aquelas pessoas, não sei por que elas choravam, mas vivenciei uma sensação de conexão, de humanidade compartilhada tão forte, que me senti ligada a elas. Eu pensava: por que tantas pessoas precisam aprender a se amar? O que estamos fazendo conosco? Não tive mais dúvidas, nem resistência. Depois daquele curso entendi que abrir-se para a infelicidade é o caminho para viver melhor. Mas não bastava somente me abrir. Eu precisava unir a aceitação e a autocompaixão com a coragem e a responsabilidade.

Viver de modo respeitoso é essa união. É se tratar com respeito, honestidade, bondade, carinho, misericórdia, paciência e amor. E, ao aprender a se tratar dessa forma, você terá mais coragem e responsabilidade, porque vai se sentir mais confortável e segura. Você passa a confiar em si mesma e a acreditar no seu valor.

Viver de modo respeitoso é saber que posso contar comigo para enfrentar os desafios da vida. É me considerar uma aliada, uma amiga, e não minha pior inimiga. É saber que eu posso me acolher, me respeitar, me abraçar, sentir amor e carinho por mim mesma. É ter a coragem e a responsabilidade de aceitar e admitir meus erros e defeitos, meu lado obscuro, e mudar, porque me amo e me respeito. É me perdoar por más escolhas, por palavras que feriram alguém, por atitudes que eu sinto como inapropriadas. É aceitar a impermanência que é viver. É assumir meus desejos e minhas escolhas e lidar com as consequências. É aceitar que, mesmo que eu não goste do que está acontecendo, posso reconhecer que já está acontecendo e que não posso evitar, e também posso acolher com bondade e paciência que as coisas não são exatamente da forma como eu queria que fossem.

Aceitação e autocompaixão, com coragem e responsabilidade, nos permitem uma nova possibilidade de viver. É a possibilidade de se perceber feliz, mesmo convivendo com infelicidade, medo, angústia e dor.

## Como "me perceber feliz", se sinto tristeza, medo, angústia e dor?

Abrir-se para a infelicidade é estar consciente de que você vai enfrentar muitas dores ao longo da vida. É perceber que você pode estar muito feliz em um momento e, de repente, acontece algo que vai causar profunda tristeza. Aceitar que a vida é assim e que não temos controle sobre muitas coisas é sinal de sabedoria. A dor se transforma em um sofrimento insuportável quando não aceitamos, quando resistimos e negamos.

A aceitação é um alicerce de uma vida mais feliz. Hoje, quando algo muito doloroso acontece e percebo que começo a entrar no caminho de sofrimento, culpa, inveja, vergonha e raiva, retrocedendo ao meu antigo funcionamento mental, paro, penso, respiro, medito e percebo que não quero isso.

Esse entendimento só está sendo possível porque aprendi a ter uma nova relação com a dor, a viver de modo respeitoso. Não podemos evitar a dor, mas podemos transformar a nossa maneira de responder a ela. Eu não consigo evitar ou ignorar a tristeza, o medo, a angústia que sinto em alguns momentos, mas, ao me observar, reconhecer e aceitar que estou passando por isso, sou capaz de ser uma boa amiga para mim mesma e suavizar o sofrimento.

Não podemos evitar a dor, mas podemos transformar a nossa maneira de responder a ela.

Desde que lancei meu primeiro livro, recebo todos os dias mensagens de pessoas perguntando coisas como: Você está curada? Você come carboidratos e doces? Você ama o seu corpo agora?

Antes de responder, preciso fazer uma pergunta: o que significa "estar curada" para você? Eu cuido do meu corpo com carinho e respeito, não me machuco com remédios nem exercícios punitivos, não faço dietas restritivas. Me alimento em paz, com calma. Não divido mais a minha vida em alimentos permitidos e proibidos, e, exatamente porque me permito comer de tudo, não tenho mais medo da comida e da minha fome. Hoje vejo os alimentos como fonte de vida, sinto gratidão, e não medo, raiva ou aversão. Passei a comer respeitando os sinais internos do meu corpo, de fome e saciedade.

Eu me sinto em paz com a comida e com meu corpo a maior parte do tempo, mas não sempre. Tenho dias difíceis. Às vezes, quando me pego no espelho analisando meu corpo, ou subindo na balança com culpa, paro e reflito: "É só um pensamento, não acredito em você." Eu sei que a voz que diz que meu corpo é grande demais vai aparecer de vez em quando, mas ela não me paralisa mais, não manda mais na minha vida. Agora conheço os meus fantasmas e os meus gatilhos. Quando essa voz chega, eu percebo mais rapidamente, respiro fundo e tenho consciência do que estou sentindo naquele momento.

Tenho dias muito felizes e outros muito tristes. Tudo na vida é impermanente: a felicidade, a tristeza, o sucesso, o fracasso. Coisas boas e ruins vêm e vão. Pessoas que amamos nascem e morrem, entram e saem da nossa vida, as estações do ano vêm e vão, empregos vêm e vão. Até coisas que parecem permanentes e "imóveis", como nossa casa, podem ser atingidas por um terremoto ou furacão e sumir.

E, para responder à pergunta se eu amo o meu corpo agora, proponho outra interrogação: O que é "amar o corpo" para você? Se "amar o corpo" é achá-lo lindo e não ter nenhuma questão com a imagem corporal, então a minha resposta é não. Eu não amo a imagem que vejo, mas amo o *meu corpo*. Vou explicar a importante diferença que existe entre esses dois conceitos.

Amar o corpo é respeitar, honrar e aceitar o corpo que é o nosso instrumento de vida, e não um objeto. Adoecemos quando nos afastamos da condição humana e reduzimos o nosso corpo à condição de objeto, de imagem. Eu vivia dessa forma, fora do meu corpo, como se fôssemos dois seres diferentes – "eu" e "meu corpo". Era como se eu fosse a observadora do meu corpo, e não a pessoa que vive dentro dele. Costumava me referir a ele como um estranho, um inimigo, algo de que eu não gostava e que não fazia parte de mim.

Agora eu sou uma só. Não há mais essa divisão. É o meu corpo que me possibilita viver tudo que estou vivendo. Nele, eu experimento a alegria e a tristeza, o prazer e a dor, e isso me permite senti-lo para muito além de uma imagem corporal.

A imagem que você tem de si mesma é a reprodução, na sua mente, de sensações ou percepções anteriormente vividas, de experiências afetivas impostas pela relação com o outro. Como explica a Dra. Bianca Thurm, especialista nesse assunto, "a imagem corporal é a percepção que a pessoa tem do próprio corpo e os pensamentos e sentimentos que resultam dessa percepção".[49]

Ou seja, você enxerga no espelho o que pensa e sente a seu respeito. Você construiu a sua imagem corporal com base em tudo que já viveu. Se essa imagem se tornou insuportável, pense: o que precisa mudar? A sua imagem corporal ou o modo como você pensa e sente a respeito de si mesma? Você pode emagrecer muitos quilos, transformar seu corpo e seu rosto com cirurgias e procedimentos estéticos e, mesmo assim, continuar tendo uma imagem corporal insuportável para você.

O nosso corpo não é objeto, enfeite, foto, tela do celular ou molde. O corpo não é simplesmente uma imagem. Mesmo não gostando da imagem que você construiu do seu corpo, ou de partes dele, você pode começar a sentir respeito, carinho e amor por ele. Convido você a abandonar a ideia de "amar o corpo plenamente", de se olhar no espelho e gostar de absolutamente tudo em você.

---

O corpo não é simplesmente uma imagem.

---

Já falamos sobre o fato de sermos seres desejantes. O nosso desejo nunca acaba, e isso serve também para a nossa relação com a nossa imagem. Você sempre vai desejar mudar algo no seu corpo, até porque não existe relação linear com a nossa aparência. Provavelmente há dias em que você se sente linda e dias em que se sente horrorosa. Não é verdade? A relação com nosso corpo também é impermanente.

Quando você passa a viver de modo respeitoso, começa a se sentir confortável sendo quem é, e então a imagem corporal se torna uma questão bem menos relevante. Você não vai mais determinar o seu valor pelo seu peso. Não vai mais acreditar que não é capaz ou que não merece ser amada por causa da sua aparência. Não vai mais permitir que a sensação de inadequação domine a sua vida.

Um fenômeno recente chamado "harmonização facial" tem me deixado muito preocupada. Dilacera-me ver que as mulheres estão enlouquecidas, aumentando cada vez mais os lábios, modificando o formato do rosto, das bochechas, do queixo, do nariz, obcecadas em busca de um "rosto perfeito", completamente impossibilitadas de pensar sobre si mesmas. Impossibilitadas de perceber, ou até de questionar, se a mudança necessária é mesmo na aparência.

Não sou contra os procedimentos estéticos, acredito que em alguns casos podem ajudar, entretanto é imprescindível questionarmos a motivação por

trás deles. Eu fiz três cirurgias de lipoaspiração na juventude e posso asse-
gurar que nenhuma delas foi por amor ou respeito a mim mesma. Eu fiz por
ódio, mas na época não tinha consciência disso. Como diz a psicanalista
Luciana Saddi: "Existe um sofrimento calado entre nós: o constante ódio
voltado contra si e contra o próprio corpo. Ódio revestido de preocupações
estéticas, de considerações sobre a saúde, e que não se deixa entrever facilmente. Ódio que se confunde com cuidados e se disfarça de amor."[50]

Eu tinha certeza de que depois da primeira cirurgia estética começaria a me amar. Entretanto, isso não aconteceu na primeira lipo, nem
na segunda, e muito menos na terceira. Pelo contrário, a cada cirurgia
eu ficava mais obcecada. A relação com a imagem corporal diz respeito a
muitas demandas internas que não percebemos. A urgência em sentir-se
cada vez mais bonita pode estar escondendo um pedido de socorro. Buscamos na "aparência perfeita" solução para a sensação de inadequação/
fracasso/vergonha/culpa/insegurança/vazio/desamparo. Adoecemos em
busca de pertencimento, aprovação, reconhecimento, amor e felicidade.
Adoecemos de tanto tentar ser plenamente amadas e felizes.

---

A urgência em sentir-se cada vez mais bonita
pode estar escondendo um pedido de socorro.

---

Nós nos preocupamos muito em ter um corpo bonito e não damos
atenção suficiente à construção de uma mente forte e saudável. Cuidar da
saúde mental pode parecer uma frescura ou um luxo até o dia em que se
torna uma emergência. Dê atenção à sua saúde mental.

Demorei muito tempo para admitir que precisava de ajuda. Sentia-me
confusa e isolada, não entendia direito o que estava sentindo e me julgava
por sofrer. Além do tratamento médico, a meditação teve, e tem, um papel
importantíssimo no meu caminho de cura. Nunca imaginei que sentar
com a coluna ereta, fechar os olhos e respirar poderiam me ensinar tanto.

A meditação é como aquela professora exigente e rigorosa que primeiro rejeitamos e depois aprendemos a adorar. Essa professora me ensinou que eu não preciso preencher todos os meus espaços vazios, que posso tolerar o desconforto, que ter paciência é uma dádiva, que não preciso julgar o tempo todo, posso apenas observar, com abertura e curiosidade. Aprendi que existe um instante entre o surgimento de um desejo compulsivo, seja ele qual for, e a reação imediata – e que é nesse instante que criamos para nós mesmas o sofrimento ou a serenidade de pensar, respirar e então decidir que atitude tomar.

Quando comecei a meditar e estudar sobre atenção plena ou *mindfulness*, aprendi muito com os três elementos essenciais da autocompaixão: atenção plena, autobondade e humanidade compartilhada.

## Atenção plena

Atenção plena é estar presente, é observar o que você estiver sentindo com abertura, curiosidade e sem julgamento. Significa estar atenta e aberta ao momento que está vivendo, permitindo que os pensamentos, as emoções e as sensações corporais entrem na consciência sem resistir e sem tentar mudar nada. É se permitir sentir o que surgir.

A ideia de "estar presente" pode parecer simples ou óbvia. Você pode pensar "É claro que estou sempre presente na minha vida", mas na verdade isso nem sempre acontece. Estamos distraídas, com a atenção sempre dispersa no WhatsApp, no Facebook, no YouTube, nas outras redes sociais, no e-mail, na imensidão da internet... Estamos sempre sobrecarregadas com o excesso de coisas que temos que fazer e de informação que recebemos no mundo atual. Há quanto tempo você não fica alguns minutos em silêncio, sozinha, atenta ao que sente? Atenção plena é um convite para silenciar e prestar atenção em nós mesmas e no que estamos sentindo. Sem tentar mudar nada, apenas observando.

## Autobondade

A autobondade, ou bondade amorosa, é se permitir ser bondosa e amorosa consigo mesma, assim como é com outras pessoas. É, em vez de se tratar com o ódio costumeiro, se permitir gostar de você, se apoiar, se cuidar, dizer uma palavra de carinho, como faria com um filho ou uma amiga querida que está sofrendo. É a aceitação incondicional da sua imperfeição, da sua condição humana. É autogentileza.

Você já parou para pensar que quando odiamos uma pessoa é porque, de alguma forma, estamos muito ligadas a ela? Quando não sentimos nada por alguém, apenas o ignoramos. O ódio significa ligação. Thupten Jinpa diz que a autoaversão é mais que uma questão de não gostar da própria aparência, não estar satisfeito com as conquistas da vida ou mesmo de falta de autoestima:

A autoaversão tem suas raízes no próprio instinto de cuidar de si. A aversão é apenas uma forma diferente de cuidado (não odiamos quando não nos importamos). A autoaversão nasce quando nos importamos muito, mas não somos capazes de aceitar nem perdoar nossa própria imperfeição. Para desenvolver a autocompaixão, temos que aprender a nos reconectar com aquela parte de nós que ainda se importa, de forma pura, terna e vulnerável. Ela nunca deixou de existir: apenas estava escondida atrás da armadura que vestimos quando nos sentimos atacados.[51]

A autobondade permite a reconexão com a parte humana que você estava ignorando ao tentar se tornar uma pessoa perfeita, imbatível, infalível. E essa reconexão fica mais fácil quando percebemos a nossa humanidade compartilhada, o terceiro elemento essencial da autocompaixão.

Humanidade compartilhada

Humanidade compartilhada é o senso de conexão com as outras pessoas. É reconhecer que todos nós cometemos erros e passamos por dores e dificuldades na vida. É reconhecer que dor, frustração, vergonha, inveja, raiva, fracasso, doença, morte fazem parte da experiência humana e que muitas pessoas também estão vivendo isso agora mesmo. Assim, não importa o que esteja sentindo, você sabe que nunca está sozinha.

A dor é maior no isolamento. Eu vivi de forma muito intensa a força da conexão e da humanidade compartilhada desde que lancei meu primeiro vídeo. Muitas pessoas me escrevem contando que saber que não estão sozinhas, que têm o direito de buscar ajuda e de se tratar com carinho, aceitação e autocompaixão as colocou em um caminho de cura.

Um jovem chamado Guilherme me mandou um e-mail em 2016, quando tinha 19 anos, desabafando sobre como se sentia:

"Eu criei um Guilherme para os outros. Esse Gui é engraçado, divertido, descolado, inteligente, mas não sou eu. Por que eu o criei? Porque eu queria que não vissem essa pessoa que se odeia, essa pessoa que nunca deu o seu primeiro beijo por medo de a pessoa tocar nele e sentir nojo, que nunca teve uma relação sexual por medo de tirar a roupa na frente de alguém. Essa pessoa sou eu, que vive em segredo (nosso segredo). Vou parar por aqui, pois já estou chorando de vergonha por contar isso para alguém."

Em 2020 Guilherme me mandou este depoimento:

"Estava organizando minha caixa de e-mail e esse é o único que ficou aqui. Eu li hoje, pela primeira vez, a mensagem que te mandei e chorei novamente, mas dessa vez foi de felicidade. Hoje estou com 23 anos, aceitei meu corpo, estou noivo e muito feliz. Eu quero te agradecer por existir e por me notar quando eu me senti invisível. Você me deu forças para continuar quando a minha melhor solução era desistir de tudo."

Eu fico muito feliz, honrada e emocionada quando recebo mensagens como essa. É a força da conexão, da sensação de não estarmos sós. Todos os depoimentos que você vai ler a seguir revelam como perceber a nossa humanidade compartilhada, aceitar que temos uma dor e nos tratar com autobondade iniciam um processo de transformação.

"Antes eu sentia tanta dor dentro de mim que algumas vezes acabava me machucando fisicamente. Eu me via mais magra do que era e isso me causava um enorme sofrimento. O meu sonho, por mais curioso que seja e ao contrário da maioria, era ter uns quilos a mais. (...) Ao longo desses últimos anos passei a conseguir lidar com minha magreza e a vê-la de forma mais real, sem julgá-la tanto. Também aprendi a acolher minha dor. E, como você mesma já disse, não foi nenhuma receita mágica, precisa-se de muita paciência e perseverança, pois há muitas recaídas no caminho, e tudo bem. Aprender a lidar com nossas dores é essencial. Hoje em dia não me olho no espelho e me acho a pessoa mais linda do mundo, mas isso não é mais a questão central, agora consigo focar em outras coisas e recuperei a vontade de viver. E isso é incrível."

"Passei a me aceitar como sou, a fazer atividade física que gosto e sinto prazer de fazer. Passei a comer de forma prazerosa, e perder peso será consequência de uma mente mais leve, sem culpas, sem cobranças e sem restrições. Tudo isso é um processo longo que estou percorrendo e talvez leve a vida toda: autoconhecimento, aceitação, autoconfiança. Queria dividir isso com vocês que sofrem com seus espelhos, com esse padrão de beleza inatingível causando sentimentos de inadequação. É possível, sim, a gente se amar e se aceitar."

"Meu ódio pelo meu corpo era tanto que eu chorava e me batia quando me olhava no espelho e não gostava do que via. Eu passei a entender que não há nada de errado comigo e que eu preciso me olhar com mais carinho, não ser tão cruel comigo mesma. E isso tem feito uma enorme diferença na minha vida."

"Decidi parar de me odiar, parar de me depreciar, abraçar quem eu sou, do jeito que eu sou, e aí sim tentar mudar. Mudar porque eu me amo, porque sou importante para mim mesma e porque vai ser saudável para mim."

"Ainda não estou 100%. Ontem mesmo me deu compulsão e não sosseguei enquanto não comi uma pizza gigante, mas estou tentando. O mais importante é que estou me amando durante o processo. Estou evoluindo, às vezes erro, mas está tudo bem. O importante é não desistir; não desistir de mim, da minha saúde e do meu bem-estar."

"Posso dizer que tenho me libertado cada dia mais da culpa por estar fora do padrão. Ainda tenho episódios de recaída, mas consigo entender o que aconteceu e me esforço sempre pra ter consciência do que se passa em minha mente. Além disso, eu faço acompanhamento psicológico e psiquiátrico, descobri que tenho transtorno de ansiedade e sei que tenho um longo caminho de descobertas. Hoje prezo a minha saúde mental mais que tudo no mundo, é minha prioridade. Hoje não choro mais olhando no espelho e nem quando uma roupa não me serve mais, eu simplesmente entendo que a vida passa, o corpo muda e que está tudo bem. O que não me serve mais eu dou para alguém que use, não fico guardando para quando eu emagrecer."

"Sofri de anorexia nervosa, que acabou também me causando síndrome do pânico. Estou cada vez melhor, mas quem sofreu disso sabe que é uma luta diária com sua própria mente tentando fazer você se odiar. E vendo seus vídeos, além da terapia e medicação, tive uma melhora ENORME. Costumo dizer que seu primeiro livro fez parte da terapia, porque vendo o que você passou pude ver que não estava sozinha. Aprender a me reconhecer no meu próprio corpo, com as práticas de meditação, *mindful eating*, enfim, realmente me faz sempre repensar e tentar de novo quando vejo que estou quase em recaída."

"Em 2012 eu pensava que, se não fosse pra ser extremamente magra, não havia sentido viver. Quando vi seu primeiro vídeo, eu pensei: vou só emagrecer tudo que eu posso, depois eu começo a ouvir o que ela fala. Mas desde então eu comecei a ouvir uma vozinha que me dizia que não era normal viver assim. No final de 2017 eu procurei terapia e uma nutricionista comportamental, após ler o seu livro e chorar em várias partes. Hoje eu me olho com gratidão pelo meu corpo existir, funcionar, me levar aonde eu quero. Ainda é muito difícil viver em uma sociedade que cultua o corpo padrão, mas vamos juntas!"

"Nem sempre é fácil me olhar com compaixão e respeito, mas eu tento mudar todos os dias, dando um passo e escutando o meu corpo."

"Tentei engravidar por cinco anos e meio. Nesse tempo fiz duas cirurgias e sete fertilizações in-vitro e não consegui engravidar. Em um dos tratamentos, quando deu errado, eu comecei a dar socos na minha barriga por ela não estar "respondendo". Ainda não consegui engravidar, na verdade desisti, mas hoje olho para meu corpo com tanto amor e carinho que até choro quando lembro do episódio dos socos na barriga. Tenho uma compaixão muito grande por esse corpo. Hoje passo a mão na minha barriga com pequenas cicatrizes das cirurgias e agradeço por ela ter tentado. Agradeço a mim mesma por toda a coragem que tive. Agradeço ao meu corpo por ter tido a oportunidade de tentar!!! Apesar de não ter dado certo e eu precisar virar a página. Sinto-me feliz porque fiz TUDO que estava ao meu alcance. E, se não é para eu ter filhos, tudo bem, vou amar meu corpo assim mesmo!! Passei a amar esse corpo!!"

"Eu achava que não tinha problemas com comida, mas descobri que sim, uso a comida como válvula de escape e nem percebia, mas estou me entendendo e me aceitando, com calma. Agradeço a você e ao seu livro por me conhecer, entender que não sou a única no mundo a ter dificuldade em se aceitar. Tudo é um processo lento, mas estou no caminho e cada vez melhor."

"Se hoje como um chocolate, no resto do dia consigo voltar para uma alimentação saudável. Não penso mais: "comi chocolate então vou jacar", ou, o que é pior, ficava me punindo o dia inteiro. Sim, é o começo, mas como está sendo transformador."

Não importa se você tem menos de 20 anos ou mais de 80, sempre é tempo para começar a viver de modo respeitoso. E, como diz a escritora Chimamanda Ngozi Adichie, as histórias importam, muitas histórias importam. "A consequência da história única é esta: ela rouba a dignidade das pessoas. Torna difícil o reconhecimento da nossa humanidade em comum. Enfatiza como somos diferentes, e não como somos parecidos."[52] Quando não conhecemos a história de vida de outras pessoas nos sentimos muito sozinhas.

Se você está em sofrimento, feche os olhos (se for possível e se você se sentir confortável), respire fundo por alguns minutos e lembre-se de que muitas pessoas, em todo o mundo, também estão passando por dificuldades neste momento, talvez muitas estejam vivendo uma dor parecida com a sua. Isso não vai fazer a sua dor sumir, mas, em conjunto com a atenção plena e a autobondade, pode suavizar o seu sofrimento. Se você quiser fazer algumas práticas de atenção plena junto comigo, no meu canal no YouTube tem uma playlist com vários vídeos sobre aceitação e autocompaixão.

A meditação é a âncora que me mantém no modo respeitoso de viver. Medito todos os dias, e sempre que me sinto angustiada faço a meditação da bondade amorosa. Sento com as costas eretas, fecho os olhos, respiro fundo e sinto o que está presente. Tento identificar no meu corpo onde está a emoção – às vezes é na garganta, às vezes é no peito, na barriga, no rosto. Eu me conecto com a humanidade compartilhada por alguns minutos e então coloco as mãos na parte do corpo em que senti a emoção, repetindo frases com as palavras que preciso ouvir naquele momento. Você pode criar as suas frases, por exemplo: "Que eu fique bem", "Que eu me sinta segura", "Que eu seja saudável", "Que eu possa aceitar essa dor". Pode também oferecer a você mesma as palavras que diria a uma pessoa amada: "Eu te amo, eu te respeito, eu te aceito." Mas não force a barra. Se você não consegue dizer essas coisas a si mesma, tenha calma. Eu também não conseguia e chorava muito fazendo essa meditação. Tente a frase "Que eu possa me aceitar" ou "Que eu possa me amar". Lembre-se: o importante é a sinceridade da intenção. Faça no seu tempo.

Tara Brach, psicóloga clínica, professora de meditação e autora de vários best-sellers, diz no audiolivro *Meditations for Emotional Healing*[53] (Meditações para a cura emocional): "Pare de lutar contra si mesma e se dê a bondade e o carinho que você merece." Ela explica que podemos olhar para o que não gostamos em nós e dizer: "Desculpe, eu te amo e quero mudar, exatamente porque te amo profundamente e não quero mais esse comportamento que te faz sofrer." Para isso, precisamos de "aceitação incondicional do que estamos sentindo e quem somos".

Por mais confusos e amedrontadores que possam parecer os seus sentimentos e pensamentos, permita-se aprender sobre a "estranha" que vive em você. Todas nós temos sentimentos e pensamentos que estranhamos e por isso evitamos, escondemos, negamos. Permita-se ser como uma arqueóloga que, cuidadosamente, escava os cantos mais escondidos em busca dos vestígios enterrados que não queremos ver. Não tenha medo de tocar as suas sombras. Elas estão aí para lhe ensinar algo que você precisa aprender sobre si mesma.

Como pude viver tanto tempo longe de mim?

Distante

Fria

Odiosa

Como é bom voltar para casa!

Acolher

Suavizar

Aceitar

Não minta para si mesma

Ninguém pode trazer você de volta

Você tem de querer se libertar

Se responsabilizar

E se autorizar a mudar

# PALAVRAS FINAIS

Não sou mais estranha a mim mesma. Sinto-me confortável na minha vida, na minha mente, no meu corpo, sendo quem sou. Não vivo mais trancada naquela caixa apertada. Não sinto mais vergonha de mim porque aceito toda a minha imperfeição. Percebo-me feliz em vários momentos porque sei que a dor sempre existirá, é parte da vida. Lido melhor com minhas angústias porque sei que não existe ser humano sem angústia. Compreendo melhor meus desejos e frustrações porque aprendi que jamais terei tudo que quero e jamais irei parar de desejar e me frustrar.

Não tenho mais tanto medo do vazio, da falta, porque aprendi que quando esses sentimentos surgem eu posso sentir, permitir, confortar, abrandar, acalmar, suavizar a dor que chega. Tenho certa intimidade com meus fantasmas, com a minha parte obscura, e sei que sempre terei conflitos, internos e externos, uns mais fáceis e outros mais difíceis de lidar e aceitar.

Não estou dizendo que não há vezes em que me perco, erro ou choro desesperadamente, mas agora eu consigo me perceber, me recuperar mais rápido e ver as coisas lindas, boas e simples que existem em minha vida, que anteriormente eu não valorizava. Claro que em várias ocasiões sinto raiva, sinto o peito apertar de angústia, o coração disparar quando me percebo julgada ou frustrada. A diferença é que hoje eu aceito que a vida é impermanente, complexa e constituída desses sentimentos dolorosos, e por isso mesmo me sinto feliz em vários momentos, fico mais confortável com a neutralidade. E quando fico triste, o que também acontece em vários momentos, eu faço o que posso para aceitar e acolher a dor que chega.

Este é o meu convite para você se permitir abrir o cadeado trancado em seu peito. Perceba o que você sente quando permite que a vida seja como ela é. Fica mais suave? Tem mais espaço para respirar? O que acontece com o seu coração quando você aceita todas as partes de si que não tolera?

É preciso reconhecer o que podemos e o que não podemos mudar ou controlar, sejam aspectos da nossa saúde, sentimentos que surgem dentro de nós, outras pessoas, o clima. É muito doloroso viver tentando mudar tudo e todos. A aceitação é parar de gastar energia e tempo lutando e tentando controlar o incontrolável.

Vivemos em um looping angustiante. Temos a crença de que somos erradas, insuficientes, que não temos valor e por isso somos um fracasso. Essa crença gera sensações físicas, que se expressam de forma diferente em cada pessoa – pode ser pressão ou aperto no peito, respiração curta, coração acelerado, dor de cabeça. Essas sensações físicas, por sua vez, geram mais pensamentos angustiantes, que levam a mais sensações físicas. E assim vivemos cada vez mais angustiadas, ansiosas e deprimidas.

Sair desse looping angustiante, dessa caixa apertada, desse modo odioso, ou seja lá qual for o nome que você queira dar para o que está vivendo, é uma decisão muito importante que somente você pode tomar. É desafiador, eu sei. Admitir que estamos doentes e buscar ajuda médica é difícil, mas é um ato de coragem. Fazer análise ou terapia é árduo, assim como meditar, mas, como diz o provérbio gaélico: "Nada é fácil para os que não estão dispostos."[54]

Você tem de querer se libertar, se responsabilizar e se autorizar a mudar. Eu posso convidar você, mas a sinceridade da intenção é exclusivamente sua. O processo pode ser doloroso, mas é muito pior continuar vivendo sendo uma estranha para si mesma ou se sentindo invisível, apequenada e não merecedora de respeito e amor.

> Você tem de querer se libertar, se responsabilizar e
> se autorizar a mudar. Eu posso convidar você, mas a
> sinceridade da intenção é exclusivamente sua.

Também imagino que você tenha uma enorme resistência à ideia de perdoar e pedir perdão. Todas nós temos várias histórias para contar sobre quando fomos magoadas, humilhadas, rejeitadas ou feridas, seja com palavras ou atos. Também temos histórias sobre quando ferimos alguém. Quando nos conectamos com a humanidade compartilhada, descobrimos que somos capazes de pedir perdão e perdoar porque reconhecemos a natureza básica da condição humana – somos todas falhas, vulneráveis, imperfeitas, ferimos e somos feridas, até mesmo por aqueles que mais amamos.

Conversamos muito neste livro sobre como todas nós somos uma grande mistura de bondade e crueldade, suavidade e agressividade, indiferença e consideração, amor e ódio, generosidade e egoísmo, inveja e admiração. Sim, às vezes somos sensatas, e outras vezes, levianas. Ter a consciência de que não existem pessoas perfeitas é transformador.

Aprendi que, quando não perdoamos, passamos a carregar dentro de nós a pessoa que odiamos. E, quando não nos perdoamos por nossos erros, seguimos alimentando o ódio por nós mesmas. Perdoar-se também é um ato de coragem e responsabilidade, porque abre nossos olhos para os nossos atos e para o sofrimento que podemos causar aos outros. Aprendemos muito com isso.

Podemos cuidar de nós mesmas. Podemos cuidar umas das outras. Eu não sei nada sobre a sua dor, mas sei que estamos conectadas, sei que você não quer mais viver de forma odiosa, sei que está exausta de lutar contra si mesma.

Eu sinto, eu vejo você!

Se puder, e sentir-se à vontade, feche os olhos por um momento, solte o maxilar, relaxe a testa, os ombros, respire fundo e permita-se sentir como as palavras deste livro tocaram você.

Por fim, deixo um último convite. Não acredite facilmente em tudo que escrevi. Obviamente há diferentes modos de perceber e compreender os assuntos que conversamos aqui. Cada pessoa sente e entende suas dores de forma distinta. Eu gostaria muito que você fizesse a si mesma todas as perguntas e reflexões que este livro propõe. Não teremos todas as respostas, mas observe o que acontece quando você se questiona. Você não tem nada a perder. Se não gostar de se tratar com respeito, bondade, responsabilidade, aceitação, gentileza, carinho, compaixão e amor, você pode voltar na mesma hora para o modo odioso com o qual se acostumou a viver. Tenho certeza de que você sabe o caminho de cor e salteado.

Mas, em vez de lutar contra si mesma, você poderia, por um momento apenas, sentir o que está presente e oferecer amor, carinho e acolhimento a você mesma por ser humana e imperfeita? Como seria abrir-se para a possibilidade de conhecer a estranha que vive em você? Como seria transformar o impulso de julgar em intenção de compreender? Como seria transformar o hábito de se comparar em intenção de aceitar e acolher com bondade a si mesma e as outras mulheres?

Em vez de julgar, culpar, ruminar, podemos criar um espaço para sentir? O que está acontecendo agora dentro de você?

# POSFÁCIO

No início de março de 2020, o manuscrito deste livro ficou pronto. Minha editora Nana e eu acertávamos uma data para o lançamento. Eu estava muito feliz! É uma satisfação imensa ver pronto um trabalho de tantos anos. Eu vivia a felicidade de finalizar este projeto tão importante para mim e a expectativa de mais um lançamento.

Jamais esquecerei o que senti no dia em que lancei meu primeiro livro, em outubro de 2017. Foi um dos dias mais felizes e emocionantes da minha vida. Quando cheguei à livraria, vi, no primeiro andar, um pequeno grupo de pessoas próximo a uma mesa. Pensei: essa deve a ser a mesa de autógrafos – que bom que veio alguém! (Acho que todo autor iniciante morre de medo de que ninguém apareça no lançamento do seu livro.)

Cheguei perto da mesa e perguntei a um funcionário da livraria como iríamos organizar a fila para começar. Eu disse: "Oi, você pode me ajudar? Eu sou a Daiana Garbin, vim para o lançamento do meu livro, como vai funcionar?" Ele respondeu: "Oi, Daiana, o seu lançamento não é aqui, não. É ali no segundo andar. O pessoal da Editora Sextante está aguardando você lá." Então olhei para cima e não acreditei no que estava vendo. Havia uma fila enorme que dava a volta na imensa livraria. Meu coração começou a bater muito forte! Subi as escadas saltitando de alegria. Quando cheguei ao segundo andar e vi a mesa de autógrafos, o banner com a capa do meu livro e a quantidade de pessoas, comecei a chorar.

Vivi naquele dia um episódio de felicidade que mudou a minha vida para sempre. Abracei e beijei, uma a uma, as mais de 300 pessoas que esperaram até três horas na fila. Sei que demorei bastante, mas eu queria dar atenção a todas, agradecer a cada uma por estar ali, pelo amor que eu estava recebendo. Muitas me abraçavam e começavam a chorar, às vezes sem dizer nenhuma palavra. O abraço silencioso e os olhos falavam, eu sentia o coração delas batendo forte. Nunca havia sentido uma conexão como aquela. Me emocionei várias vezes com pessoas que não conhecia até então. Homens choravam pela própria dor ou pela dor da esposa. Naquele momento eu percebi quanto precisamos ter mais espaço para falar sobre os nossos sofrimentos. E naquele dia eu tive a certeza de que queria escrever um segundo livro.

Portanto, no início de março de 2020, eu só pensava na oportunidade de viver tudo isso novamente. De abraçar e beijar cada pessoa que fosse ao lançamento deste livro. De ver você. De ouvir você.

Mas um vírus que veio do outro lado do mundo mudou completamente a nossa vida.

No dia 11 de março, a Organização Mundial da Saúde declarou a pandemia de Covid-19, doença causada pelo novo coronavírus (Sars-CoV-2). Desde dezembro de 2019 eu acompanhava as notícias sobre um vírus que fora detectado na cidade de Wuhan, na China. Era algo aparentemente tão distante que jamais imaginei que chegaria ao Brasil. Mas chegou.

De repente, os casos começaram a aumentar em São Paulo e, no dia 12 de março, meu marido me ligou e disse: "Dai, cancele agora todos os seus eventos para os próximos meses, a situação vai ficar muito grave." Eu ri dele e mandei esta: "Ah, que exagero! Você está louco, ninguém está cancelando nada! Como vou cancelar? Tenho eventos marcados em quatro estados diferentes, com passagens aéreas compradas, toda a estrutura montada... Não posso fazer isso. Esquece!" Ele ficou muito bravo e insistiu: "Pode acreditar, a partir de segunda-feira vão começar a cancelar tudo, como na Europa e na China. Daiana, acorda! Fecharam o Museu do Louvre, vão ter que cancelar todas as aglomerações no Brasil também.

E, olha só, esqueceu que você está grávida e ainda não sabemos nada sobre essa doença?"

Então a minha ficha caiu. Sim, por um momento eu havia esquecido que estava grávida de sete semanas. Meu marido e eu decidimos não contar a ninguém sobre a gravidez até passar a fase mais delicada, que vai até a 12ª semana de gestação. Era um segredo tão secreto que até eu esquecia. Não contamos nem mesmo para a nossa família. Era o nosso segredo. Na mesma hora cancelei todos os eventos e, desde então, passei a sair de casa apenas quando absolutamente necessário, como ir ao mercado, à farmácia ou ao médico para o pré-natal.

Nos primeiros dias fiquei tranquila. Como eu já estava acostumada a trabalhar de casa, achei que lidaria bem com o isolamento. Respondia aos e-mails, produzia os textos e conteúdos para o site e o canal, comecei a fazer lives no Instagram todos os dias, fazia ginástica na sala de casa e meditava. Mas essa aparente tranquilidade durou pouco. Na segunda semana de isolamento comecei a ficar muito ansiosa. As imagens de cidades vazias, escolas fechadas, hospitais lotados, o número de casos crescendo no Brasil, pessoas conhecidas sendo contaminadas, tudo isso foi gerando muita angústia em mim. Eu já não conseguia mais trabalhar nem me concentrar para ler, muito menos meditar. Meu coração ficava acelerado e eu percebi que precisava urgentemente colocar em prática um dos ensinamentos mais valiosos que aprendi nos últimos anos: a aceitação.

A pandemia enfatizou como temos pouquíssimo controle sobre nossa vida. Ela me mostrou que eu tenho necessidade de me sentir no controle de tudo e como é difícil conviver com a frustração de não conseguir exercer esse controle. Eu estava me sentindo angustiada, ansiosa, irritada e mal-humorada porque não suportava a ideia de viver algo que eu não planejei e não queria aceitar. Eu só pensava: como assim não posso sair de casa? Como assim cancelar as palestras? Como assim não posso lançar meu livro numa livraria e abraçar as pessoas?

Como é complexa a arquitetura das nossas dores. Eu não percebia, mas, como uma forma de defesa, eu estava canalizando toda a minha frustração apenas para a parte profissional. Estava fingindo para mim mesma, tentando não pensar na gravidez. A verdade é que eu estava morrendo de medo. Medo de pegar o vírus, medo do que poderia acontecer com meu bebê e, principalmente, medo de que a minha gestação não evoluísse, mas estava em completa negação desse sentimento.

A interrupção da gravidez é muito mais comum do que se imagina. Ginecologistas e obstetras estimam que o aborto espontâneo atinja cerca de 15% a 20% das gestações nos primeiros meses, e o fato de eu ter 38 anos é um agravante. Para tentar me proteger do sofrimento caso acontecesse algo com o bebê, eu tentava não pensar que estava grávida.

Foi assim até o dia da ultrassonografia morfológica, um exame muito importante no pré-natal, que ajuda a detectar síndromes e malformações do feto e que deve ser feito por volta da 12ª semana de gestação. Somente naquele dia eu senti que, de fato, havia uma vida crescendo em minha barriga. Tivemos a notícia de que estava tudo bem com o bebê e que provavelmente era uma menina. Eu me emocionei muito. Chorei de alegria e de medo. Até então eu nunca tinha entendido muito bem essa mistura de sentimentos que as mulheres grávidas costumam relatar. Eu pensava: "Bom, ou você sente alegria ou medo de estar grávida, os dois juntos não tem como!" Eu estava muito enganada. Essa filha que ainda nem nasceu já está me ensinando muito, especialmente que uma mulher é capaz de sentir alegria, medo, ansiedade, insegurança, tudo misturado.

Eu estou amando a sensação de ter a minha bebê crescendo dentro de mim. Muitas vezes choro quando lembro do som do coraçãozinho dela batendo, mas sei que a gravidez não é um período em que você se sente levitando em uma cama de plumas e pétalas de rosas. Também não é uma cama de espinhos. Como tudo na vida, existem os momentos que lembram a suavidade das rosas e os que geram a dor de um espinho pontiagudo. Receio e sensação de incapacidade aparecem entrelaçados com amor e coragem em uma ambígua dança de emoções.

Eu pude sentir tudo isso quando comecei a praticar a aceitação. Aceitação do momento difícil e inédito que estamos vivendo e aceitação dos meus medos diante do desafio de me tornar mãe. Não sabemos por quanto tempo a pandemia vai se estender. No momento em que escrevo estas linhas não existe vacina nem remédio específico para tratar a Covid-19. Várias cidades brasileiras decretaram o lockdown, bloqueio total de atividades não essenciais e proibição da circulação de pessoas nas ruas. O uso de máscaras se tornou obrigatório, os hospitais estão superlotados, o número de mortes chegou a 1.300 por dia. Parece que estamos vivendo em um filme de ficção.

É claro que, se eu pudesse escolher, não estaria grávida justamente neste contexto. Eu sinto medo e sinto falta de muitas coisas, como, por exemplo, não poder mostrar minha barriga crescendo para a minha família e as amigas de infância. Eles moram no Sul e, provavelmente, não me verão grávida. Não sei se alguém poderá me visitar no hospital quando minha filha nascer, não sei quando meus pais poderão conhecer a neta. Não vou fingir que isso não fará falta, mas sentir raiva e revolta não resolve nada. A prática da aceitação me ensinou a pensar: como posso fazer deste momento o melhor possível diante da situação que tenho?

Assim como podemos escolher viver de modo odioso ou respeitoso em relação a nós mesmas, podemos escolher viver este momento com raiva e negação ou com aceitação e paciência. Vamos nos sentir inseguras e entediadas? Sim. Vamos perder a cabeça às vezes? Provavelmente sim. Vamos sentir medo? Com certeza. Mas qual será o peso do medo, do tédio e da insegurança? Depende de como vamos lidar com eles. Permita-se sentir o que estiver presente. Permita-se acolher o medo, o tédio, a insegurança, a irritabilidade e qualquer outro sentimento que surgir. Permita-se chorar de raiva, de medo, de tédio, porque, ao acolher e aceitar que esses sentimentos já estão aqui, uma parte do sofrimento começa a se dissipar. Chore, respire fundo, grite se necessário, permita-se aliviar a pressão que você está sentindo.

A vida perfeita não existe. Nunca existiu. Jamais existirá. Porque ser perfeito é algo da ordem do completo, acabado, sem defeitos ou falhas, e enquanto estivermos vivas estaremos incompletas, inacabadas, teremos defeitos e falharemos. E isso não é um problema, muito pelo contrário.

Eu desejo que você continue sendo imperfeita, porque só pessoas imperfeitas têm coragem e responsabilidade para enfrentar sentimentos como medo, tédio, angústia, tristeza, irritação, impaciência, raiva, dúvida, frustração, arrependimento, mágoa, inveja, vergonha, culpa, insegurança, ressentimento e transformar tudo isso em aprendizado e força. Somente pessoas imperfeitas têm coragem para admitir quando erram e pedir desculpas. Eu desejo que você continue tendo uma vida imperfeita, porque somente uma vida imperfeita pode nos proporcionar episódios de felicidade.

# AGRADECIMENTOS

A você, leitora, que teve a coragem de enfrentar o seu modo odioso de viver e todos os outros sentimentos que podem ter surgido ao longo da leitura. Escrever este livro me proporcionou muitos episódios de felicidade, mas foi também doloroso em vários momentos. Cada vez que o trabalho se tornava difícil demais, eu pensava em você. Eu sentia que você estaria comigo nesta caminhada e queria você aqui até o fim. Muito obrigada!

Minha gratidão a todos os profissionais de saúde que concederam entrevistas e compartilharam conosco seu conhecimento.

A Vera Salvo, por me ensinar a sentir, e não apenas pensar e fazer. Gratidão pela leitura tão amorosa do último capítulo deste livro.

Agradeço às minhas professoras Berenice Blanes e Salete Abrão. Sou muito grata pelas explicações, pela paciência e por toda a ajuda para me fazer compreender a complexidade da nossa condição humana.

À psicanalista Patricia Gipsztejn Jacobsohn, pela revisão técnica deste manuscrito e pelas longas conversas sobre os sentimentos ambivalentes que vivem em todas nós.

A Nana Vaz de Castro, diretora de aquisições da Editora Sextante, por acreditar em mim e apostar em um livro sobre temas tão difíceis de digerir.

Minha profunda gratidão por suas considerações sempre precisas, por me guiar e estar comigo nesta jornada.

A toda a equipe da Editora Sextante, por me receber novamente com tanto carinho.

À minha analista Soraia Bento, por me fazer deparar com as minhas sombras e, assim, transformar a minha vida.

A meus pais, meu marido e toda a minha família, pelo amor e por me ensinarem tanto.

E a minha gratidão e o meu carinho a todas as pessoas que fazem parte desta obra através de seus depoimentos. Este livro não existiria sem vocês. É uma honra receber e-mails e mensagens de tantas pessoas dispostas a abrir o canto mais íntimo de suas dores para mim. Eu aprendo muito com vocês. Muito obrigada!

# NOTAS

## CAPÍTULO 1

1  *Boletim formação em Psicanálise*, vol. 28/2018 – Edição Especial Inveja e Gratidão 60 anos. São Paulo: Instituto Sedes Sapientiae, 2018.

2  KLEIN, Melanie. *Inveja e gratidão*. Rio de Janeiro: Imago, 1991. (A edição original, em inglês, é de 1957.)

3  CINTRA, Elisa Maria de Ulhoa; FIGUEIREDO, Luís Claudio. *Melanie Klein: Estilo e pensamento*. São Paulo: Escuta, 2004.

## CAPÍTULO 2

4  BROWN, Brené. *Eu achava que isso só acontecia comigo*. Rio de Janeiro: Sextante, 2019.

5  *Idem.*

6  GAY, Roxane. *Fome – Uma autobiografia do (meu) corpo*. São Paulo: Globo, 2017.

7  JINPA, Thupten. *Um coração sem medo*. Rio de Janeiro: Sextante, 2016.

8  Helena Cunha Di Ciero Mourão, em entrevista à autora.

## CAPÍTULO 3

9  TANNIER, Kankyo. *A magia do silêncio*. Rio de Janeiro: Sextante, 2018.

10  CHÖDRÖN, Pema. *Quando tudo se desfaz*. Rio de Janeiro: Gryphus, 2012.

11  FORBES, Jorge. *Você quer o que deseja?* São Paulo: Manole, 2016.

12  *Idem.*

13  GANDHI, Arun. *A virtude da raiva*. Rio de Janeiro: Sextante, 2018.

14  MIGUELEZ, Oscar. *Narcisismos*. São Paulo: Escuta, 2007.

15  FREUD, Sigmund *apud* MIGUELEZ, Oscar, *op. cit.*

16  PESSOA, Fernando. *O eu profundo e outros eus* (Poesia de todos os tempos). Rio de Janeiro: Nova Fronteira, 1994.

## CAPÍTULO 4

17  BROWN, Brené. *Mais forte do que nunca*. Rio de Janeiro: Sextante, 201.

18  Elisa Maria de Ulhoa Cintra, em entrevista à autora.

19  *Idem.*

20 *Idem.*

21 Berenice Neri Blanes, em entrevista à autora.

22 FREUD, Sigmund. *O Eu e o Id, "autobiografia" e outros textos* (1923-1925). In: *Obras completas*, vol. 16. São Paulo: Companhia das Letras, 2016.

23 Maria Salete Abrão Nunes da Silva, em entrevista à autora.

24 Berenice Neri Blanes, em entrevista à autora.

25 Luciana Saddi, em entrevista à autora.

26 KEHL, Maria Rita. *Ressentimento*. São Paulo: Casa do Psicólogo, 2004.

27 NIETZSCHE, Friedrich. *A genealogia da moral*. Petrópolis: Vozes, 2013.

28 KEHL, Maria Rita. *Op. cit.*

CAPÍTULO 5

29 TOLLE, Eckhart. *O poder do agora*. Rio de Janeiro: Sextante, 2002.

30 EGER, Edith Eva. *A bailarina de Auschwitz*. Rio de Janeiro: Sextante, 2019.

31 *Idem.*

32 *Idem.*

33 LACAN, Jacques. "A Ciência e a Verdade". In: *Escritos*. Rio de Janeiro: Zahar, 1998.

34 FORBES, Jorge. *Inconsciente e responsabilidade: Psicanálise do século XXI*. São Paulo: Manole, 2012.

35 *Idem.*

36 FORBES, Jorge. *Você quer o que deseja?*. São Paulo: Manole, 2016.

37 *Idem.*

38 CALLIGARIS, Contardo. "Uma outra maneira de dar o peito". *Folha de S.Paulo*, 01/02/2001. Disponível em: https://www1.folha.uol.com.br/fsp/ilustrad/fq0102200122.htm (Acesso em 10/12/2019.)

39 KISHIMI, Ichiro; KOGA, Fumitake. *A coragem de não agradar*. Rio de Janeiro: Sextante, 2018.

40 *Idem.*

41 CHÖDRON, Pema. *Quando tudo se desfaz: orientações para tempos difíceis*. Rio de Janeiro: Gryphus, 2012.

CAPÍTULO 6

42 ROGERS, Carl *apud* BRACH, Tara. *Radical Acceptance: Embracing Your Life with the Heart of a Buddha*. Nova Iorque: Bantam Books, 2003.

43 FREUD, Sigmund. *Freud (1930-1936) O mal-estar na civilização e outros textos*. In: *Obras completas*, vol. 18. Paulo César de Souza (Org.). São Paulo: Companhia das Letras, 2010.

44 *Idem.*

45  CORTELLA, Mario Sergio; KARNAL, Leandro; PONDÉ, Luiz Felipe. *Felicidade: Modos de usar*. São Paulo: Planeta, 2019.

46  *Idem.*

47  *Idem.*

48  GERMER, Christopher. *The Mindful Path to Self-Compassion*. Nova York: The Guilford Press, 2009.

49  No vídeo "Distorção da imagem corporal: Quando a pessoa se vê maior ou menor do que ela de fato é". Canal EuVejo. https://youtu.be/LGaajnBPeEY

50  "Consciência alimentar, ódio e autoagressão", Website EuVejo. http://www.euvejo.vc/mentalidade-de-dieta-consciencia-alimentar-odio-e-autoagressao/

51  JINPA, Thupten, *op. cit.*

52  ADICHIE, Chimamanda Ngozi. *O perigo de uma história única*. São Paulo: Companhia das Letras, 2019.

53  BRACH, Tara. *Meditations for Emotional Healing: Finding Freedom in the Face of Difficulty*. https://www.audible.com/pd/Meditations-for-Emotional-Healing-Audiobook/B0036O0HT6.

PALAVRAS FINAIS

54  Citação de *O livro do perdão: Para curarmos a nós mesmos e o nosso mundo*, de Desmond Tutu e Mpho Tutu. Rio de Janeiro: Valentina, 2014.

# OBRAS DE REFERÊNCIA

FREUD, Sigmund. *Introdução ao narcisismo, ensaios de metapsicologia e outros textos (1914-1916).* In: *Obras completas,* vol. 12. Paulo César de Souza (Org.). São Paulo: Companhia das Letras, 2010.

_____. *Psicologia das massas e análise do Eu e outros textos (1920-1923).* In: *Obras completas,* vol. 15. Paulo César de Souza (Org.). São Paulo: Companhia das Letras, 2011.

_____. *Conferências introdutórias à psicanálise (1916-1917).* In: *Obras completas,* vol. 13. São Paulo: Companhia das Letras, 2014.

_____. *"O Caso Schreiber" e outros textos (1911-1913).* In: *Obras completas,* vol. 10. São Paulo: Companhia das Letras, 2010.

_____. *O futuro de uma ilusão e outros textos (1926-1929).* In: *Obras completas,* vol. 17. São Paulo: Companhia das Letras, 2014.

FREUD, Sigmund; BREUER, Josef. *Estudos sobre a histeria (1893-1895).* In: *Obras completas,* vol. 2. Paulo César de Souza (Org.). São Paulo: Companhia das Letras, 2016.

HERRMANN, Fabio. *O que é Psicanálise: Para iniciantes ou não...* São Paulo: Blucher, 2015, 14. ed.

BARROS Júnior, Antônio Carlos de. *Quem vê Perfil Não vê Coração: Fragilidades narcísicas e a construção de imagens de si nas redes sociais.* São Paulo: Escuta, 2018, 1. ed.

MARRACCIN, Eliana Michelini (Org.). *O eu em ruína: Perda e falência psíquica.* São Paulo: Primavera, 2012, 1. ed.

FRANKL, Viktor E. *Em busca De sentido: Um psicólogo no campo de concentração.* Petrópolis: Vozes, 2017, 1. ed.

NEFF, Kristin; GERMER, Christopher. *The Mindful Self-Compassion Workbook: A Proven Way to Accept Yourself, Build Inner Strength, and Thrive.* Nova York: Guilford Press, 2018, 1st ed.

LE BRETON, David. *Adeus ao Corpo: Antropologia e Sociedade.* Campinas: Papirus, 2003, 6. ed.

SALZBERG, Sharon. *A real felicidade.* Rio de Janeiro: Magnitude, 2012, 1. ed.

CPSIA information can be obtained
at www.ICGtesting.com
Printed in the USA
BVHW031522030821
613532BV00011BA/502